LES

PRISONS DU VIEUX PARIS

Vue de la Salpêtrière au XVIII* siècle.

COLLECTION PICARD

BIBLIOTHÈQUE D'ÉDUCATION NATIONALE

LES

PRISONS DU VIEUX PARIS

PAR

ALBERT LAURENT

OUVRAGE COURONNÉ PAR L'ACADÉMIE FRANÇAISE

Illustré de cinquante-cinq gravures

DEUXIÈME ÉDITION

PARIS

ALCIDE PICARD ET KAAN, ÉDITEURS

11, RUE SOUFFLOT, 11

Propriété réservée

PRISONS DU VIEUX PARIS

CHAPITRE PREMIER

LA CONCIERGERIE

Dans la Cité, cette longue île, qui semble échouée entre les deux rives de la Seine comme un poisson géant, il y avait jadis, à l'époque de l'occupation romaine, un palais, que le temps ruina, et sur l'emplacement duquel le comte Eudes, fils de Robert-le-Fort, édifia une vaste forteresse, vers la fin du IX siècle. C'est là qu'il y a mille ans habitèrent les derniers rois carlovingiens. Après eux, Hugues Capet et ses successeurs y résidèrent. Ce château-fort, flanqué de tours et protégé par la Seine, était le Palais de la Cité, que nous appelons aujourd'hui le Palais de Justice. On peut dire, sans crainte de se tromper, que du château primitif il ne reste plus rien. Le pieux roi Robert, ce doux homme qui aimait à chanter au lutrin et à composer des hymnes, le rebâtit au XI siècle. Ses successeurs le remanièrent, l'agrandirent. Saint Louis, par exemple, y construisit la Sainte-Chapelle, et Philippe-le-Bel la Grande Salle et la Tour de l'Horloge.

Les rois de France y habitèrent longtemps, jusqu'aux Valois Charles V, Charles VI, Charles VII, qui délaissèrent le Palais pour l'Hôtel Saint-Pol et le Louvre. Louis XII y revint cependant, et ce fut le dernier roi qui y résida d'une façon quelque peu suivie. Il y fit exécuter des aménagements nouveaux. Pris par la goutte, il aimait à se promener sur un petit mulet à travers les cours et les jardins : il montait même ainsi jusqu'à la Grande Chambre; le mulet, pour l'y conduire, trottinait sur une planche garnie de nattes, qu'on avait placée depuis le bas de l'escalier jusqu'en haut. Après Louis XII les rois ne vinrent plus guère au Palais de la Cité, si ce n'est pour donner quelque grande fête, ou assister à ces banquets copieux, gargantuesques, qui avaient lieu autour de la fameuse table de marbre. Il n'y eut plus là que leurs statues peintes, qui, de leurs niches, regardaient la Grande Salle.

Avec les années le Palais de la Cité fut encore modifié ; le temps faisait son œuvre : des incendies dévoraient certaines parties ; d'autres s'effritaient et tombaient en ruines. On les reconstruisit, on les transforma, on y fit des adjonctions, si bien que ce Palais est aujourd'hui comme le couteau de Jeannot, auquel on a ajouté successivement bien des manches et bien des lames. En réalité c'était un vaste enclos avec des constructions de tout ordre et de tout style. Actuellement les deux bâtiments les plus anciens sont la Sainte-Chapelle et la Conciergerie, qui, chose curieuse, ont échappé à tous les incendies.

Non seulement les rois habitèrent le Palais de la Cité, mais Philippe-le-Bel y installa le Parlement, la Cham-

bre des Comptes et une sorte de Bourse, qu'on appelait
la Place au change, et qui se tenait sous une galerie voûtée, pareille à une crypte. Le Parlement ne changea
point de résidence et nos tribunaux siègent encore dans

Palais de la cité habité par les rois de France.

ce Palais de la Cité qui est devenu depuis longtemps le
Palais de Justice.

La Conciergerie fait corps avec lui. C'est une partie
de la vieille forteresse des derniers Carlovingiens : c'était
la prison du château, une des plus anciennes de Paris,
prison qu'on a conservée, même lorsque les rois ont
cessé d'habiter le Palais de la Cité. On l'appela la Con-

ciergerie parce qu'elle était gouvernée par le Concierge[1]. Ce Concierge était un homme fort important, une sorte de Gouverneur, chef d'une juridiction appelée le bailliage du Palais, dont il avait la garde : il portait aussi le titre de bailli. Il habitait l'hôtel du Bailliage, qui, à l'époque moderne, fut occupé par le préfet de police, et devint la proie du feu en 1871.

Le Concierge ou Bailli avait une foule de droits divers, de prérogatives et de privilèges, si bien que sa place était fort recherchée. Il avait l'exercice de la haute et basse justice dans l'enclos et les dépendances du Palais, et il exerçait sa juridiction jusqu'à la Seine d'un côté et de l'autre jusqu'à la rue de la Barillerie, où se trouve aujourd'hui le boulevard du Palais. Il avait un tribunal, et la juridiction de la Conciergerie se composait d'un bailli d'épée, d'un lieutenant-général, d'un procureur du roi, d'un greffier, de plusieurs huissiers ; les avocats et les procureurs du Parlement y plaidaient. C'était une de ces juridictions particulières, dont le ressort était peu étendu et qui furent nombreuses sous l'ancien régime. Le bailli avait des prisons où il mettait les malfaiteurs et les criminels. Non seulement il avait le droit d'emprisonner ses justiciables, mais il avait aussi celui de les faire exécuter : dans un compte, daté de 1525, nous voyons en effet que cinq potences furent élevées, par son ordre, dans l'enceinte du Palais. C'est le bailli qui nourrissait et logeait les prisonniers; il taxait les vivres et les meubles suivant son bon plaisir, et on était plus ou moins bien

---

1. D'après Littré *Concierge* vient de *cum* et *servire*, de sorte que Concierge ne signifierait que *serviteur*, terme général déterminé ensuite par l'usage à un sens particulier.

traité suivant le prix qu'on y mettait : si on payait bien il
vous faisait faire bonne chère ; si on avait la bourse vide
on était réduit à la paille et au pain noir.

Charles V, en 1358, conféra au Concierge un certain
nombre de droits nouveaux, par exemple un droit de cens
sur plusieurs maisons, puis celui de donner et ôter les
places aux merciers et marchands divers qui avaient
établi leurs échoppes dans l'intérieur du Palais et sur
ses côtés : les bouchers qui s'installaient lui payaient
un droit de 30 livres 1/2, plus, nous dit M. Eugène
Pottet, dans son volume sur la *Conciergerie du Palais
de Paris*, la moitié d'un quarteron et la moitié d'un demi-
quarteron pesant de chair, moitié bœuf, moitié porc, un
demi chapon plumé, un demi-setier de vin et deux gâ-
teaux. Ce bailli se nourrissait à bon compte, et se faisait
ainsi, avec tous ces privilèges divers, de bonnes rentes
au soleil. Il vivait là heureux et gras, exploitant sans
vergogne ses prisonniers et ses justiciables, ne se gênant
guère pour commettre toutes sortes d'exactions. La place
était bonne et recherchée. Aussi, en 1412, la reine Isabeau de Bavière, qui n'avait jamais assez d'argent pour
subvenir aux dépenses de son luxe effréné, se fit-elle donner par son trop faible mari, ce pauvre fou de Charles VI,
le bailliage du Palais avec tous ses revenus. Plus tard
le médecin de Louis XI, le cupide Jacques Coictier, fut
nommé bailli du Palais (1478), et son bon maître n'épar-
gna rien pour que le brave homme pût tirer bonnes au-
baines de sa charge.

Les rois protégèrent longtemps la juridiction du bailli
du Palais. Ainsi par lettres patentes du 9 décembre 1556,
Henri II faisait défense au Prévôt de Paris et aux com-

missaires du Châtelet d'empiéter sur les droits du Concierge du Palais. Ce ne fut qu'en 1712 qu'un édit supprima cette juridiction et confia au Châtelet le soin de juger les procès soumis jusqu'alors au bailli.

La Conciergerie, qui était la prison du Palais de la Cité, était située à l'Ouest de l'emplacement de la grande salle (la salle des Pas-Perdus actuelle) : elle existe encore presque totalement aujourd'hui, et nous pouvons voir, sur le quai de l'Horloge, ses trois tours massives et pointues. A quelle époque au juste remonte-t-elle ? Il est difficile de le dire d'une façon précise. Date-t-elle du roi Robert-le-Pieux, qui reconstruisit le Palais? Ou est-elle antérieure à lui et date-t-elle des Romains, qui avaient une prison dans la Cité ? On n'est pas d'accord sur ce point. Il est fort probable qu'il y avait dans ces parages une prison romaine, qui a subi avec le temps des transformations successives.

La Conciergerie est absolument enclavée dans le Palais ; ce sont ses tours qui font saillie et accrochent l'œil ; elles sont au nombre de trois : la première, celle qui est la plus proche du Pont-au-Change, s'appelle la Tour de César ; la seconde est la Tour d'argent, ainsi nommée, dit-on, parce qu'elle a contenu jadis le trésor des rois de France : la troisième, la plus grosse, séparée des deux autres par un bâtiment, est la Tour Bon-Bec. Il y en avait autrefois une quatrième, qui se trouvait non sur le quai, mais dans l'intérieur du Palais, la Tour Montgomery, où Montgomery, qui avait involontairement tué Henri II dans un tournoi, avait été conduit pieds et poings liés. Cette tour fut démolie sous Louis XVI. Une cinquième tour, la Tour de l'Inquisition, qui était dans la cour

Le Palais de justice actuel, vu du quai.

Salle des Pas-Perdus.   Tour de l'horloge.   Tour de César et Tour d'argent.   Tour Bon-Bec.

actuelle de la Conciergerie, a été rasée en 1853.

Il y a une soixantaine d'années on a trouvé dans la Tour Bon-Bec des instruments de torture, un anneau de fer fixé dans une clef de voûte, d'où on a conclu qu'on y donnait la question. A la même époque on y a découvert deux noires citernes, profondes d'une quinzaine de mètres, dont le fond était à peu près sur le même plan que la Seine ; c'était de vieilles oubliettes, munies encore de leurs terribles pointes de fer, qui déchiraient cruellement les infortunés, qu'on y précipitait en faisant basculer une trappe sous leurs pieds. Un conduit allait jusqu'au fleuve, et par les grandes crues l'eau pénétrait dans les oubliettes et emportait les cadavres pourris. Près de ce passage on en trouvait un autre, qui conduisait aux cuisines de Saint-Louis, installées sous la Grande Salle, et c'est par là qu'arrivaient les victuailles et les vins lorsque les rois festoyaient sur la table de marbre. Horrible contraste !

Les autres tours devaient avoir aussi leurs oubliettes.

Les cachots de la Conciergerie étaient effroyables, noirs, humides, malsains ; les uns situés sous de grands réservoirs, de telle sorte que l'eau filtrait sur les murailles ; les autres sous de grosses voûtes sombres et suintantes. Tous étaient abominablement sales : les immondices s'y accumulaient pendant des années ; à chaque instant des maladies contagieuses y éclataient ; la peste même s'y mit en 1548, et faucha de nombreuses victimes parmi les prisonniers. Alors on fit évacuer la prison. Les malades furent transférés à l'Hôtel-Dieu. Ceux qui n'étaient détenus que pour des causes civiles et n'étaient pas encore atteints par le mal furent placés dans les maisons

Les cuisines de Saint-Louis.

des huissiers et sergents du Châtelet, les autres furent envoyés au For-L'Evêque et dans diverses prisons. Le Parlement prescrivit enfin d'assainir tous ces bâtiments : il fallut l'épouvante d'une dangereuse contagion pour qu'on prît des résolutions sérieuses.

Lorsqu'on pénétre dans la Conciergerie par le quai de l'Horloge, après avoir franchi plusieurs portes à guichet et une petite cour, on trouve la salle des gardes, avec ses colonnes et ses chapiteaux, où sont sculptés les principaux événements de l'histoire d'Héloise et d'Abélard. Deux escaliers étroits mènent dans la Tour de César et dans la Tour d'argent ; une porte s'ouvre sur la rue de Paris, grande pièce ténébreuse toujours éclairée au gaz. On franchit encore des guichets, et on entre dans un couloir obscur, que le soleil ne visite jamais, le long duquel sont des portes de cachots munies de leurs grosses serrures de fer. Après avoir traversé ce corridor on est dans la cour de la Conciergerie ou Préau, qui a une cinquantaine de mètres de longueur sur vingt de largeur, et dont le sol se trouve enfoncé de trois à quatre mètres au dessous du niveau des rues voisines : tout autour est une galerie, des pièces qui servent de prison et des escaliers qui montent aux étages supérieurs ; des fenêtres de cachots, garnies de gros barreaux de fer, donnent sur ce préau. Tout cela a un aspect triste, morne, dur, qui vous étreint le cœur.

On enfermait jadis à la Conciergerie tous ceux qui ayant commis quelque crime ou délit dans l'enceinte du Palais et ses dépendances étaient condamnés par le tribunal du bailli, et ceux qui devaient passer devant le Parlement pour quelque cause criminelle. Ces prisonniers étaient divisés en plusieurs catégories. Lorsqu'on

payait un certain prix au Concierge on pouvait être assez
bien traité. On avait une chambre, une nourriture suffi-
sante : on appelait cela *payer la pistole*. Il y avait des
pistoliers qui donnaient jusqu'à 45 livres par mois pour
leur chambre, d'autres 25 livres, d'autres 8 livres seulement. Sinon on était jeté dans des pièces obscures et
humides, couché sur la paille, mêlé à d'autres prisonniers, à moins qu'on ne fut enfermé solitaire dans quelque cachot. Les *pailleux* — c'était leur nom — étaient
dans les pièces du rez-de-chaussée, qui donnaient sur le
préau. Ces pauvres diables, qui n'avaient pas d'argent en
poche, étaient fort maltraités par leurs durs geôliers, malgré les recommandations du Parlement « de traiter bien
doucement et humainement les prisonniers, leur bailler
pain et eau, et les pourvoir de gens d'église ».

En somme, la nourriture était détestable, les prisons
insalubres, les geôliers sans pitié, les prisonniers nombreux et entassés : en un mot, le système pénal du *bon
vieux temps* était absolument inhumain et odieux. Par
exemple, en 1776, il y avait 202 prisonniers, soit 99 hommes et 22 femmes sur la paille, 13 hommes et 14 femmes
à l'infirmerie, 25 hommes dans les cachots, et 29 qui
payaient leur chambre. En mai 1783, il y en avait 182,
soit 126 hommes sur la paille, 18 à l'infirmerie, 16 dans
les cachots, 22 dans les chambres payées. C'était beaucoup trop pour la grandeur de la Conciergerie. Mais
on ne connaissait pas encore les lois de l'hygiène, et on
était sans pitié pour les prisonniers.

Cependant les mœurs s'adoucirent singulièrement
dans la seconde moitié du XVIII° siècle, sous l'influence
des philosophes, de Voltaire, de Montesquieu, de Rous-

seau : le droit pénal perdit un peu de sa barbarie et on
songea à améliorer les prisons. Déjà le 27 mars 1780
des lettres patentes de Louis XVI avaient ordonné la
réunion aux bâtiments du Palais de Justice de terrains
qui appartenaient au chapitre de la Sainte-Chapelle, et
on avait agrandi la Conciergerie ; le roi se montrait alors
préoccupé de la salubrité de cette prison, « plus exposée
qu'aucune autre à la corruption de l'air et aux maladies
contagieuses, qui en sont la suite par le grand nombre
de prisonniers qu'on est dans le cas d'y enfermer ».

Malgré ces améliorations la Conciergerie laissait encore fort à désirer. On l'avait agrandie, mais en même
temps on avait beaucoup accru le nombre des prisonniers,
de telle sorte qu'ils étaient aussi entassés qu'auparavant.
Ainsi, le 1ᵉʳ janvier 1792, il y avait 444 détenus. Un rapport lu à la société de médecine par M. Doublet, quelques
mois avant, le 30 août 1791, disait :

« Les infirmeries de la Conciergerie sont grandes, mais
elles sont froides et humides ; les croisées n'y jettent
qu'un jour sombre et on y guérit difficilement le scorbut.
Nous désirons qu'on y établisse une infirmerie plus convenable aux malades dans un lieu qui est déjà à moitié
disposé pour cet effet. Nous demandons qu'on abandonne
ces caveaux obscurs dits chambres de paille et qu'on y
substitue des dortoirs grands et aérés, qu'il est facile de
construire très sainement à l'entrée de la galerie du même
côté. Afin d'accélérer la destruction des cachots situés
au fond des tours, nous présentons un moyen simple et
peu dispendieux d'y suppléer, sans attenter à la santé des
prisonniers : c'est de construire, à l'extrémité du grand
préau, des cellules isolées, avec la facilité de jouir de

Le Palais de Justice en 1792.

l'air et même de la promenade du préau, sans communiquer avec les autres prisonniers...... La paille des lits
était hachée et vermoulue, les latrines et leurs avenues
étaient salies et infectées... »

Plus tard le représentant Paganel fit à la Convention
un rapport, écrit dans ce style boursouflé si fort à la mode
alors, mais curieux. « Il est superflu, s'écrie-t-il, d'af-
fliger votre sensibilité par un tableau plus détaillé des prisons de la Conciergerie : il suffit de dire aux représentants d'un peuple qui honore le malheur que l'homme le
plus coupable expie autant de fois son forfait qu'il compte
d'heures dans ce tombeau affreux..... L'homme, qui attend son arrêt dans les prisons de la Conciergerie, eût
béni sur son seuil épouvantable la main bienfaisante qui
lui aurait donné la mort. »

Là dessus un décret ordonna que les prisonniers seraient transférés dans une autre prison, tandis que le
comité des secours publics prendrait sans délai des mesures pour rendre la Conciergerie habitable.

Je ne crois pas qu'on prît grandes mesures, tant la
routine et l'incurie sont de fortes puissances. Ainsi je
trouve un rapport adressé le 17 mars 1793 au ministre
de l'intérieur, où il est dit :

« Je viens de faire une nouvelle visite des prisons de la
Conciergerie. L'impression horrible, que j'ai éprouvée à
la vue des malheureux amoncelés dans cette affreuse demeure, est inexprimable, et je ne puis encore concevoir
la barbarie des officiers de police chargés de la surveiller. » Le rapporteur continue en nous disant qu'il a trouvé
26 détenus dans une seule pièce, couverts de lambeaux
de vêtements à demi-pourris, respirant un air fétide, cou-

chés sur d'infectes paillasses. Dans un autre cachot, 45 hommes étaient pressés les uns contre les autres sur dix grabats : dans un troisième, 38 moribonds étaient entassés sur neuf couchettes, ce qui faisait 4 prisonniers par couchette.

Actuellement la Conciergerie n'est plus dans cet état : elle a été considérablement agrandie ; tout un quartier nouveau a été construit en 1864, qui contient 73 cellules vastes et éclairées, ne ressemblant pas aux ténébreux cachots de l'ancien régime. Quant à la vieille prison, elle a été singulièrement améliorée : il y a maintenant sept grandes chambres, contenant de cinq à neuf lits ; elles remplacent les salles humides et froides, où pourrissaient jadis les infortunés *pailleux*. Une bibliothèque de 600 volumes est mise à la disposition des détenus.

*
* *

Bien des prisonniers célèbres ont passé par la Conciergerie, depuis le moyen âge jusqu'à nos jours. Pierre de la Brosse, favori de Philippe le Hardi, accusé d'avoir empoisonné Louis, fils du roi, y fut enfermé en 1276 : après quoi il fut pendu. Gérard la Guette, receveur général sous Charles le Bel, accusé de vol, y fut incarcéré avant d'aller au gibet de Montfaucon. A la fin du XIVe siècle, sous Charles VI, le comte d'Armagnac, connétable de France, le chancelier de Marle, des évêques, des partisans d'Armagnac, y furent emprisonnés, et massacrés par les Cabochiens au service de la faction des Bourguignons. Philippe de Commines, l'historien, les trésoriers Pierre Rémy, Macé de Maches, René de

Siran, accusés de malversation, y furent détenus dans le cours du XIV° siècle. Saint-Vallier, accusé de trahison, — ce Saint-Vallier père de la belle Diane de Poitiers, que nous trouvons dans *Le roi s'amuse* de Victor Hugo, — Louis Berguin, gentilhomme accusé de propager les doctrines de Luther, séjournèrent dans cette sombre prison. L'infortuné Montgomery fut enfermé dans la

Philippe de Commines (1443-1509).

tour à laquelle on donna son nom, comme je le disais plus haut, et n'en sortit que pour aller à la place de Grève le 20 juin 1574. Ravaillac, l'assassin de Henri IV, fut emprisonné dans la tour Montgomery, et « dans icelle assis et lié dans une chaise ayant les fers aux pieds et les mains derrière le dos gardé et observé jour et nuit. » La maréchale d'Ancre, de la Bastille, où elle avait été primitivement détenue, passa à la Conciergerie ; la Brinvilliers également.

Le bouffon Gros-Guillaume avait un jour (décembre 1633) singé Richelieu sur le théâtre de l'Hôtel de Bourgogne. Le Cardinal l'apprit et ne s'en fâcha pas, mais il voulut à son tour s'amuser aux dépens du Gros-Guillaume, et il le fit enfermer à la Conciergerie pour quelque temps, dans le cachot même de Ravaillac. Ce pauvre gros bouffon, si bon vivant et de si belle humeur, ne put supporter le séjour de cette prison : son imagination fut frappée ; lui qui était si gras, si rond, pareil à un muid, dépérit d'ennui et de peur, et mourut rapidement en quelques jours. La farce du Cardinal était devenue lugubre.

Au XVIII° siècle, le bandit Mandrin fut enfermé dans un cachot situé sous le promenoir des hommes et Damiens, qui en 1757 donna un coup de couteau à Louis XV, fut mis au premier étage de la tour de Montgomery, dans le cachot de Ravaillac. Jusqu'au jour où il fut conduit à la Grève pour y être tenaillé, écartelé et brûlé (28 mars), il resta là, sur une façon d'estrade matelassée, attaché par des larges courroies fixées à des anneaux, scellés en terre, surveillé par quatre hommes qui ne quittaient pas sa chambre. Damiens fut le dernier prisonnier de cette tour Montgomery, qui fut rasée vingt ans après.

Le bouffon Gros-Guillaume, acteur de l'hôtel de Bourgogne.

Le chevalier de la Barre — accusé de sacrilège et condamné à mort si injustement pour avoir mutilé un crucifix, peccadille de jeune homme — l'empoisonneur Desrues, la fille Olivia, — qui dans l'affaire du collier, avait joué le rôle de Marie-Antoinette —, et sa complice, M°° de la Mothe, passèrent à la Conciergerie.

Après le 10 août 1792 on y enferma les Suisses de la garde royale, ainsi que le comte de Montmorin-Saint-Hérem, qui avait eu le portefeuille de l'intérieur en 1791 et était resté dans le Conseil particulier du roi jusqu'à l'émeute qui emporta la royauté. Les malheureux furent tués peu après, car hélas ! comme la plupart des autres prisons, la Conciergerie fut ensanglantée par les massacres de septembre.

La Convention avait établi le Tribunal révolutionnaire le 10 mars 1793 ; il commença à fonctionner le 6 avril et s'installa au Palais de Justice, dans la Grande Chambre — qui est maintenant la première chambre du Tribunal civil —. Pendant cette sinistre époque, surtout après le vote de la loi des suspects qui est du 17 septembre 1793, la Conciergerie vit entrer bien des malheureux qui n'en sortirent que pour monter à l'échafaud. La plupart des prisons de Paris étaient gorgées de détenus : il y en avait à la Force, à l'Abbaye, à Sainte-Pélagie, aux Madelonettes. A la Conciergerie on les mêla aux malfaiteurs et aux pailleux tout d'abord : puis bientôt le régime auquel ils étaient soumis fut adouci : avec de l'argent ils apprivoisèrent les terribles dogues qui étaient leurs geôliers : ils furent mieux traités, mieux nourris, mieux logés.

Le Concierge d'alors était un nommé Richard qui n'était pas mauvais homme. Il se tenait dans la pièce d'entrée de la prison, appelée le Guichet, se carrant dans son grand fauteuil avec une importance de personnage, donnant des ordres aux guichetiers, surveillant tout, sollicité comme une puissance par les parents et les amis des prisonniers, qui venaient le prier respectueusement de laisser passer une lettre, un paquet, où demander la permission de voir un des leurs.

Des relations d'amitié s'établirent entre les détenus rapidement : la communauté de leur sort, le rapprochement de tous les jours, la vie inquiète, fiévreuse, tour-

mentée qu'ils menaient, firent vite naître l'intimité entre
eux ; il y eut même des romans d'amour ébauchés, que
la terrible guillotine arrêtait quelquefois au début. Les
relations amicales, l'amour, les liaisons secrètes, aidè-
rent au moins ces infortunés à distraire leurs pensées
et à oublier un instant leur misérable sort. Les détenus
cherchaient à se divertir, à s'étourdir. Ils soupaient,
flirtaient, jouaient, faisaient des vers et des chansons,
parodiaient les séances du Tribunal révolutionnaire, où
ils allaient bientôt paraître ; tout cela avec une gaîté
factice, voulue, nerveuse.

Il arrivait souvent aux Girondins d'organiser une
séance du terrible tribunal. Quelques-uns, assis sur
leurs lits, figuraient les juges, les jurés, et l'accusateur
public, Fouquier-Tinville ; un autre était l'accusé, un
autre le défenseur. On singeait les interrogatoires du président, les réquisitoires de Fouquier-Tinville ; l'ironie se
donnait carrière et on se vengeait du Tribunal révolutionnaire en le lardant de sarcasmes et de railleries. Naturellement on condamnait toujours l'accusé, et, funèbre
parodie, on l'exécutait aussitôt, en l'étendant sur une
planche de lit. Puis, après bien des exécutions, l'accusateur devenait accusé et était guillotiné à son tour. Alors
il revenait couvert d'un drap de lit, pareil à un spectre,
et racontait les tortures qu'il subissait aux enfers, pro-
phétisant un destin semblable aux juges et aux jurés, et,
pour finir, les entraînant avec eux.

Tous ces malheureux prisonniers essayaient de s'en-
durcir. L'un d'eux écrivait à un de ses amis : « Notre
train de vie est un mélange d'horreur sur ce que nous
voyons et d'une gaîté en quelque sorte féroce, car nous

plaisantons souvent sur les objets les plus effrayants, au point que nous démontrions l'autre jour à un nouvel arrivé de quelle manière cela se fait, par le moyen d'une chaise, à qui nous faisions faire la bascule. Tiens dans ce moment en voici un qui chante :

> « Quand ils m'auront guillotiné
> Je n'aurai plus besoin de nez. »

C'est bien cela : c'étaient des scènes de gaîté nerveuse, macabre, traversées par de poignants désespoirs.

Parmi les principaux détenus à la Conciergerie à cette époque, il faut citer Bachman, le capitaine des Suisses, qui fut le quatrième condamné du Tribunal révolutionnaire, le chansonnier Ange Pitou, qui raillait avec trop de désinvolture les puissants du jour, et cependant fut acquitté (23 mars 1793), Marat, qui y fut écroué le 23 avril 1793 en vertu d'un décret de la Convention, jugé et acquitté le lendemain, Charlotte Corday (juillet 1793), le général Custine (août) accusé de trahison pour avoir abandonné Mayence, et qui fut condamné à mort.

Le 2 août 1793, en pleine nuit, Marie-Antoinette fut extraite du Temple et transférée à la Conciergerie. Comme aucune pièce n'était prête pour la recevoir le concierge Richard conduisit la Reine dans sa propre chambre, où elle passa le reste de la nuit. Le lendemain il lui choisit une pièce convenable, qu'on nommait *Chambre du Conseil*, parce que sous l'ancienne monarchie, les magistrats venaient de temps à autre y recevoir les réclamations des détenus. Elle était occupée par le général Custine que l'on en fit sortir. Un mois après, le 11 septembre 1793, lors de la découverte d'un complot, qui avait pour but de faire évader Marie-Antoinette on la transféra dans la pharmacie de la prison. Le citoyen Lacour, qui occupait cette pièce, la débarrassa dans les vingt-quatre heures.

Charlotte Corday (1768-1793).

Il y avait dans cette pharmacie trois croisées ; l'une donnant sur la cour des femmes ; on la boucha avec une plaque de tôle « d'une ligne d'épaisseur, jusqu'au cinquième barreau de traverse », le surplus fut « grillé de fil de fer en mailles très serrées » ; la deuxième fenêtre, ayant vue sur l'infirmerie, fut condamnée par une plaque de tôle; la troisième, qui s'ouvrait sur le corridor, fut entièrement bouchée en maçonnerie. On posa une seconde porte épaisse, fermée avec une forte serrure de sûreté, deux verrous, et ouvrant en dedans de la chambre. La gargouille destinée à l'écoulement des eaux fut bouchée. C'est ce cachot qui, encore actuellement, est désigné sous le nom de *cachot de la reine*. Il était situé au fond d'un long couloir sans jour, éclairé seulement par quelques lampes, et fermé par deux grilles de fer. Il avait un peu plus de deux mètres de profondeur et cinq de largeur. La partie de gauche était réservée à deux gendarmes, qui surveillaient Marie-Antoinette jour et nuit ; le soir ils y dressaient un lit de camp : la partie de droite, séparée de l'autre par un paravent posé par Richard, était occupée par la reine. On y avait placé un lit de sangle très bas, avec deux matelas, une couverture, un traversin et un oreiller appuyé contre le mur ; une cuvette, une petite table à tiroir, un tabouret, deux chaises, un carton à mettre le linge, et un petit miroir complétaient le mobilier. Le lit était placé vis-à-vis la croisée, qui donnait sur la cour des femmes : la reine se tenait souvent assise sur une chaise au pied de cette fenêtre. La chambre était humide, malsaine ; Marie-Antoinette se plaignait du froid et quelquefois la nuit elle mettait son oreiller sur ses pieds pour les réchauffer.

Son régime alimentaire était fort simple. Elle mangeait un plat de viande, souvent de la volaille ou du veau, et un plat de légumes. Les femmes de la Halle, touchées de ses infortunes, lui envoyèrent plus d'une fois des fruits, des légumes et des fleurs. Un jour le concierge

Richard voulait se procurer un très beau melon chez une fruitière du quartier.

— C'est donc pour un personnage considérable? interrogea la marchande.

La reine Marie-Antoinette (1755-1793).

— Mais oui, répondit le bonhomme, c'est pour une personne qui a été très considérable, mais ne l'est plus, c'est pour la Reine.

— La Reine ! Ah, pauvre femme ! Tenez, faites-lui manger celui-ci, et surtout ne me le payez pas.

Un des deux gendarmes, qui couchaient derrière le paravent, fuma une belle nuit qu'il ne dormait pas. Marie-Antoinette fut très incommodée par l'odeur du tabac. Le gendarme l'apprit et brisa sa pipe, en jurant de ne plus fumer.

En réalité la Reine n'eut point à se plaindre de la plupart de ses gardiens, ni du concierge Richard, ni de Bault, qui lui succéda. Bault, particulièrement, se montra fort compatissant, et Marie-Antoinette en fut profondément touchée : « Je veux vous appeler *bon*, lui disait-elle un jour, cela vaut mieux que d'être *beau*. » Et une autre fois : « Je ne serai jamais assez heureuse pour vous récompenser de tout ce que vous faites pour moi. »

Ce fut le 12 octobre 1793 qu'elle comparut devant le Tribunal révolutionnaire. La salle était remplie d'une foule dense, qui refluait jusque derrière le fauteuil du président. Après de longs débats, elle fut condamnée à mort, le 15 octobre à quatre heures du matin. Le lendemain, à onze heures, par un clair soleil d'automne, elle quitta la Conciergerie et marcha à la mort avec courage. A midi elle montait sur l'échafaud.

Marie-Antoinette n'avait pas compris la grandeur des idées nouvelles ni la justice de la Révolution. Amoureuse des plaisirs et de la vie de Cour, femme futile et légère, elle avait ignoré les abus, repoussé les réformes nécessaires, de parti pris, et conseillé au roi la résistance. Elle avait commis bien des fautes et bien des imprudences, qu'elle expia durement. Elle avait voulu s'opposer au torrent ; elle fut emportée par lui. C'était fatal.

Le cachot de la reine a été transformé en chapelle, en 1816, sous la Restauration. Un petit autel, un crucifix,

deux flambeaux, une lampe qui pend au plafond, et des
vitraux à la fenêtre, voilà les seuls ornements de cette
étroite pièce, où la femme de Louis XVI a vécu soixante
seize longs jours d'angoisses.

Les Girondins avaient été arrêtés le 31 mai de cette

Brissot (1754 1793).

année-là (1793). Accusés d'attenter à l'unité et à l'indivi-
sibilité de la République, ils furent d'abord incarcérés au
Luxembourg, puis à l'Abbaye, puis ailleurs encore, et
enfin au moment de leur procès, en octobre, ils furent
transférés à la Conciergerie. Leur comparution devant
le tribunal révolutionnaire eut lieu le 26, onze jours
après celle de la Reine. Leur grand renom, le rôle

que Vergniaud, Valazé, Brissot avaient joué dans les Assemblées, avaient allumé la curiosité publique, et l'affluence des auditeurs fut considérable. Ce jour-là la Conciergerie fut occupée par une force armée imposante : on avait doublé le nombre des gendarmes et des sentinelles, car on redoutait un mouvement. Les vingt-deux Girondins se défendirent vaillamment, et les débats durèrent cinq jours. Ils furent clos le 30 octobre, à huit heures du soir, par la condamnation à mort de tous les accusés, qui accueillirent leur arrêt par des cris d'étonnement, d'horreur et de colère. Il y eut un instant de tumulte dans la salle : Valazé se frappa d'un coup de poignard, et mourut dans les bras de Brissot. La séance fut levée au milieu des menaces et des malédictions des Girondins, qui s'écrièrent : « Nous mourons innocents ! Vive la République ! » Puis ils entonnèrent la Marseillaise, et escortés par de nombreux gendarmes, rentrèrent à la Conciergerie.

On les plaça dans la salle, à laquelle on a donné leur nom (la salle des Girondins), qui est actuellement la chapelle de la prison. C'est là qu'eût lieu leur dernier banquet, resté célèbre ; sur une table de chêne, ornée de fleurs, ils se firent servir des mets recherchés, et, à la lueur des flambeaux, prolongèrent le festin jusqu'au crépuscule. C'est ainsi qu'ils passèrent leur dernière nuit. Le banquet avait commencé par des conversations légères, il se termina par de graves considérations sur la liberté, la politique, la philosophie, et Vergniaud parla longtemps de l'immortalité de l'âme. Au jour naissant, les uns se jetèrent sur des matelas et dormirent, d'autres prièrent dans la chapelle, d'autres conversèrent d'une

voix basse entrecoupée de sanglots, avec le regret poi-
gnant de la vie, qu'ils allaient quitter si jeunes. A dix
heures du matin, les exécuteurs pénétrèrent dans la prison ; on coupa les cheveux des prisonniers, on leur lia
les mains et ils montèrent dans quatre charrettes. Une

Vergniaud (1753-1793).

demi-heure après, ils arrivèrent au pied de l'échafaud ;
là ils s'embrassèrent une dernière fois, entonnèrent la
Marseillaise et moururent en braves. Ce fut Vergniaud
qui fut exécuté le dernier. Les vingt-deux corps furent
inhumés au cimetière de la Madeleine, dans une fosse
rapprochée de celle de Louis XVI.

Après les Girondins, bien des personnages divers en-

trèrent à la Conciergerie, et de ceux-là qui justement
avaient donné des gages à la Révolution. Ce fut Philippe-
Égalité, qui y resta cinq jours (novembre 1793), puis
Bailly, l'ex-maire de Paris, puis Mme Roland, puis la Du-
Barry, l'ex-maîtresse de l'odieux Louis XV (déc. 1793).

Danton (1759-1794).

Après, ce fut le tour des révolutionnaires, de ceux qui
avaient organisé ou laissé organiser la Terreur, de cet
Hébert, le fondateur du *Père Duchêne,* qui voulait l'om-
nipotence de la Commune, et que, pour ce fait, Robespierre envoya à l'échafaud avec ses partisans, Ronsin,
Vincent, Momoro, etc. (24 mars 1794); puis, peu après,
au commencement d'avril, Danton, Camille Desmoulins,

Fabre d'Églantine, Héraut de Séchelles, passèrent quelques heures à la Conciergerie, avant de comparaître devant le tribunal, et de marcher à la mort.

Un peu plus tard, le 9 mai 1794, Mme Élisabeth, la sœur de Louis XVI, fut extraite du Temple, écrouée à la Conciergerie, quelques jours après condamnée à mort et

André de Chénier (1762-1794).

exécutée le 25 mai. Avec elle s'étaient trouvés dans la vieille prison Lomémie de Brienne, ex-ministre de la guerre, Megret de Sérilly, ex-trésorier général de la guerre, sa femme, la veuve de cet infortuné Montmorin, qui fut massacré en septembre, Mme Lamoignon de Malesherbes, femme de l'ex-ministre de Louis XVI, puis d'Épréménil, ex-conseiller au Parlement, et après eux André Chénier.

Enfin, en juillet 1794, Robespierre, qui avait fait tomber toutes ces têtes, fut enfermé à la Conciergerie, où il

occupa un petit cachot, à côté de celui où la Reine avait
été prisonnière. Saint-Just y entra le même jour, et croisa
sous une porte le général Hoche, qu'il y avait fait incar-
cérer quelques jours auparavant. Dans la journée du
28 juillet, à trois heures, Robespierre, Saint-Just, Couthon,

Le maréchal Ney (1769-1815).

Henriot, et leurs amis, passèrent devant le tribunal ; à
cinq heures, ils montaient dans la charrette et étaient
conduits à l'échafaud. La Terreur avait pris fin.

Après la tempête révolutionnaire la Conciergerie ren-
ferma encore quelques prisonniers célèbres, tels le
chouan Cadoudal, qui complotait contre le Premier Consul
(1804), tel encore, en 1812, le général Mallet, qui conspira contre l'Empire, et fut exécuté avec ses complices

dans la plaine de Grenelle, le 29 octobre. Sous la Restauration, le général Labédoyère, le maréchal Ney (décembre 1815), y furent prisonniers, puis, plus tard, en février 1820, Louvel, l'assassin du duc de Berry, et, en 1822, les quatre sergents de la Rochelle, accusés de faire

Napoléon III (1808-1873).

partie de ces sociétés secrètes de libéraux et de démocrates, qui étaient les implacables ennemis des Bourbons.

En 1835, le corse Fieschi, qui attenta aux jours de Louis-Philippe, puis en 1840, Louis-Napoléon Bonaparte, après l'affaire de Boulogne, furent encore internés à la Conciergerie. Enfin nous y trouvons, sous le second

Empire, le prince Pierre Bonaparte, après le meurtre de
Victor Noir ; sous la Commune des prêtres et des gendarmes, enfermés comme otages, et qui heureusement
échappèrent aux fusillades ; après la Commune, Courbet,
Urbain et quelques autres.

Actuellement cette prison, qui a une origine si loin-
taine, reçoit quatre catégories de prisonniers : 1° les
accusés qui doivent être jugés par la Cour d'assises : ils
y restent encore après l'arrêt prononcé pendant le délai
de trois jours qui leur est accordé pour former leur pour-
voi en cassation ; 2° les appelants des jugements de police correctionnelle de Paris et du ressort ; 3° quelquefois
des sujets étrangers, dont l'extradition est demandée,
jusqu'à la solution donnée à cette demande ; 4° ceux qui
sont condamnés pour contraventions à des peines de simple police, variant de un à cinq jours.

Les trois premières catégories de détenus occupent les
cellules construites en 1864 : la quatrième est logée dans
la vieille prison. C'est là qu'on trouve principalement des
cochers et des marchands de billets de théâtre. Sur une
table de pierre, qui est dans la cour, ils jouent paisible-
ment aux dames, avec des boules de mie de pain qui
figurent les pions, ignorant sans doute tous les drames
terribles et sanglants qui se sont déroulés dans cette
vieille enceinte depuis les anciens âges jusqu'à nos
jours.

CHAPITRE II

LE GRAND CHATELET

Henri Monnier disait plaisamment qu'il avait autrefois tiré le lapin place Saint-Georges Spirituelle boutade qui nous rappelle combien Paris change et se transforme ! Quand on jette les yeux sur de vieux plans on voit un Paris restreint, qui se rapetisse à mesure qu'on remonte le cours des âges, jusqu'à devenir, sous la domination romaine, une Lutèce microscopique, moins grande qu'un chef-lieu de canton. Puis, tout alentour, des champs, des vignes, des bouquets d'arbres, là où aujourd'hui sont des rues, des places, des théâtres.

Dans l'intérieur des murs d'enceinte, aux XIV°, XV°, XVI° siècles, nous apercevons une ville où les maisons se tassent les unes contre les autres au bord de ruelles étroites et tortueuses, ombragées par de larges toitures ; puis de loin en loin, de hauts bâtiments sombres, avec de grandes murailles noirâtres, de grosses tours, des mâchicoulis béants, châteaux, prisons, qui jettent leur ombre sur les maisons d'alentour. Ce n'est plus le Paris d'aujourd'hui aéré, flambant, ensoleillé, avec ses belles maisons blanches, ses larges voies et ses vastes places.

Sur le terrain même de la place du Châtelet, où nous trouvons actuellement deux théâtres et une colonne, surmontée d'une *Victoire* sur une boule d'or, s'élevait autrefois un château-fort, le Grand-Châtelet, qui, adossé à la Seine en tête du Pont-au-Change, donnait accès dans la Cité. Qui l'avait construit? La question des origines est toujours fort obscure. Certains chroniqueurs ont prétendu que c'était Jules César, d'autres l'Empereur Julien. Peut-être les Romains avaient-ils établi là quelque citadelle, mais, à coup sûr, elle avait disparu, et le Grand-Châtelet, qui, après plus de cinq cents ans d'existence, fut démoli au commencement de notre siècle, n'avait absolument rien d'une construction romaine. Dulaure prétend qu'un édifice en bois aurait été bâti à cette place par Louis le Gros, qu'il aurait été démoli et reconstruit en pierre. Nous pouvons tenir pour certain que le Châtelet existait sous le roi suivant, Louis le Jeune, car il est mentionné dans une charte de 1147 ; dès cette époque il servit de demeure au Grand Prévôt. Était-il destiné à défendre la Cité, le cœur même de la ville d'alors? C'est possible. En tous cas son rôle devait changer à mesure que Paris s'étendait, et sa destination première dût cesser complètement lorsque Philippe-Auguste établit son enceinte. Bien entendu, du XIIe siècle à la fin du XVIIIe il changea plus d'une fois de physionomie : il fut modifié, agrandi, et on y ajouta, suivant les besoins, des bâtiments nouveaux.

Cette sombre forteresse formait un vaste rectangle,

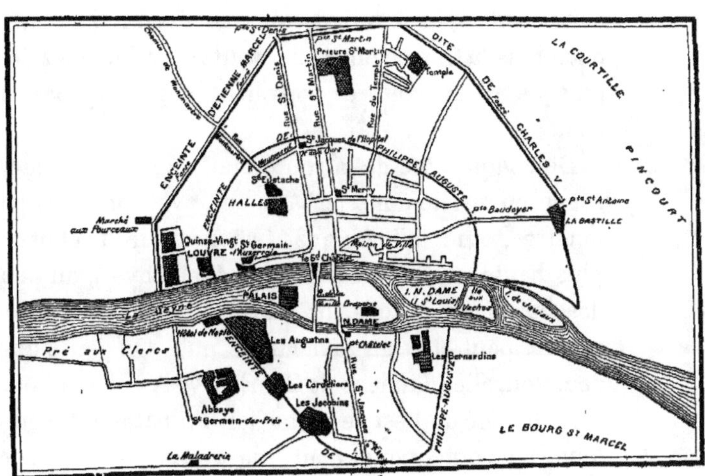

Plan de Paris en 1380.

dont la façade était tournée du côté de la rue Saint-
Denis, morne façade, de deux étages, avec une fenêtre à
chaque étage et quelques ouvertures grillées ; au milieu
un cadran, planté là comme un œil dans un front et orné
d'un écusson aux armes de France ; puis au-dessous une
Sainte-Vierge en pierre, dorlotant un petit Jésus, statue
qui fut brisée en 1793. Une voûte, profonde de vingt-huit
mètres à peu près, s'ouvrait dans cette façade, pénétrait
dans l'édifice, et servait de passage à ceux qui voulaient
aller dans la Cité ou en sortir, voûte ogivale, assez étroite,
puisque deux voitures pouvaient à peine y passer de
front.

De chaque côté de la voûte était une tour ronde, engagée en partie dans le bâtiment, avec quelques petites
fenêtres, et un toit conique. La tour de droite était un peu
plus haute que celle de gauche, et elle avait, un peu au-
dessous de sa toiture, un balcon demi-circulaire, où on
plaçait peut-être un veilleur de nuit. On pense que ces
deux tourelles dataient de Charles V. A celle qui était située du côté de l'est se rattachait un bâtiment peu profond, au bout duquel était une grosse tour cylindrique
avec un parapet crénelé, et, un peu derrière, à gauche,
un donjon flanqué de tourelles aux angles.

Faut-il continuer une sèche description? C'est parfai-
tement inutile, je crois. Une gravure représentera mieux
le Châtelet à vos yeux qu'une centaine de lignes d'énu-
mération de murailles, de tourelles et de constructions
diverses. L'ensemble était irrégulier, d'aspect menaçant :
c'était bien là le siège d'une juridiction terrible, qui avait
le pouvoir de jeter les hommes dans d'atroces prisons,
véritables geôles de damnés, de les torturer cruellement

Le Grand-Châtelet.

et de les frapper de mort. Contre les murailles vis-
queuses, étaient adossées des bicoques, des échoppes,
des masures de toutes espèces, qui servaient de bou-
tiques à des bouchers, à des marchands de poissons, de
légumes, de fruits; elles moisissaient là, à l'ombre du château couleur de suie : les tripes, les viandes gâtées, les
déchets et les pourritures de toutes sortes empuantis-
saient tout ce quartier, où venaient aboutir des rues
étroites et tortueuses, qui y soufflaient en plus leur
haleine fétide.

Sous la voûte, à main gauche, on trouvait un guichet
qui introduisait dans la cour des prisons, jusqu'en 1684
tout au moins, car à cette époque une nouvelle cour fut
faite, dans laquelle on pénétrait par une porte située au
delà de la voûte, rue Saint-Leufroi. Du côté droit était
une autre cour par où l'on arrivait aux salles de justice ;
on y trouvait un corps de garde, le bureau des huissiers,
et la basse geôle ou morgue, où on déposait les noyés et
les cadavres trouvés sur la voie publique. A l'autre bout
de la voûte commençait la rue Saint-Leufroi, qui conduisait vers la Cité. Au-dessus de la porte d'entrée de ce
côté on avait aussi placé une Vierge tenant un enfant
Jésus dans ses bras, entre les statues de Louis XII et
d'Anne de Bretagne. De chaque côté de la voûte on voyait
deux tours, comme à la façade de la rue Saint-Denis.
Sur le quai de la Mégisserie, près d'un carrefour dit la
Vallée de Misère, une autre voûte donnait accès aux
tribunaux civils.

Il est certain que le Grand-Châtelet fut refait en
partie à différentes époques. C'est ainsi que saint Louis
— qui aimait à assister aux jugements et venait sou-

vent s'asseoir sous le dais, près de son Grand Prévôt
— le fit réparer et agrandir. Deux siècles plus tard,
en 1460, un certain nombre de bâtiments menaçaient
ruine, et on fut obligé de transférer au Louvre les séances des tribunaux du Châtelet. En 1485 une ordonnance
royale du 9 mai consacre à de nouvelles réparations
toutes les confiscations ou successions échéant au roi.

En 1487, sous Charles VIII, on l'agrandit encore.

En 1507 on y fait quatre prisons neuves et on bouche
quelques voûtes. En 1657 on transfère la juridiction aux
Grands-Augustins, pour réparer une partie de l'édifice
qui était en pitoyable état.

> « Bastiment débasti partout,
> Qui sans pied se tient tout debout,
> Vieux reste de vieille masure,
> Que six siècles n'ont pas vaincu, »

chante un poète, Claude Le Petit, dans son *Paris ridicule*.

Malgré toutes ces réfections le Châtelet était en assez
mauvais état. Une ordonnance de 1672 parle « de l'humidité et obscurité des logements, de l'infection et mauvais état des cachots, des maladies fâcheuses qu'y con-
tractent les prisonniers ». Plus d'une fois des épidémies
s'y étaient déclarées et la peste y avait soufflé la mort.
Cette ordonnance prescrivait des travaux urgents, qu'on
s'empressa de ne pas faire et qui ne furent exécutés que
douze ans plus tard, en 1684.

Mais quoi qu'on fît, le Châtelet, au milieu de ce quartier fétide, où grouillait une population pressée dans une
atmosphère saturée d'odeurs d'égouts, de poissons pour-

ris et de viandes gâtées, resta toujours singulièrement malsain.

A la fin du XVIIIe siècle, en 1783, Mercier écrivait dans son *Tableau de Paris* : « Là près la rue du Pied-de-Bœuf est une juridiction qu'on nomme le Grand-Châtelet, puis des voûtes sombres et l'embarras d'un sale marché ; ensuite un lieu où l'on dépose tous les cadavres Joignez-y une prison, une boucherie, une tuerie ; tout cela ne compose qu'un seul bloc empesté, emboué, et placé à la descente du Pont-au-Change. De ce pont voulez-vous aller à la rue Saint-Denis, les voitures sont obligées de faire un détour par une rue étroite, celle de la Joaillerie, où se trouve un égout puant. »

Vous le voyez, tout ce quartier sombre et suintant n'était pas un lieu de délices. Il était bien nécessaire de démolir ce vieux château, qui obstruait le soleil et jetait son ombre humide et froide sur toutes les maisons d'alentour. On y mit la pioche au commencement de notre siècle, en 1802 : la plus grande partie des bâtiments fut alors jetée bas. En 1808 on pouvait voir encore la portion occidentale de ce vieux et triste Châtelet, ainsi qu'une des tours. Le reste fut abattu en 1810.

Une place avec une colonne — la *Colonne du palmier* — succéda au Grand-Châtelet ; ce n'était pas la vaste place d'aujourd'hui, mais un rectangle assez restreint et encombré de maisons. Sous la Restauration on y fit quelques travaux d'agrandissement et d'embellissement. Enfin en 1858 des expropriations eurent lieu, on construisit deux théâtres et on changea d'endroit la colonne du palmier. Pour cela on l'entoura de charpentes, de barres de fer et de cordes, puis on la souleva au moyen de cabestans ; on la mit alors sur deux rails, on la roula ainsi à douze mètres, un peu plus à l'est, où on la plaça sur un nouveau piédestal.

Ce Châtelet, que je viens de décrire à grands traits, était le siège d'une juridiction de deuxième ordre, inférieure à celle du Parlement, mais fort importante malgré cela, de la même classe que les autres prévôtés du royaume. C'était au Grand-Châtelet que, depuis le XII᷎ siècle, demeurait le Grand Prévôt de Paris, et c'était là qu'il avait son tribunal.

Le Prévôt de Paris avait été créé par Hugues Capet, et voici pourquoi. Les Comtes rendaient autrefois la justice dans leur comté, le Comte de Paris comme les autres ; puis peu à peu, ils laissèrent ce soin à des officiers subalternes qu'on appela *prévôts*, — du mot latin *præfectus*, sans doute — ou encore *viguiers* en Languedoc. Sous Hugues Capet, le comté de Paris ayant été réuni à la couronne, le roi établit dans sa capitale un Grand Prévôt, qui rendit la justice en son nom. Ce fut une fonction très importante. Le Prévôt siégeait sous un dais, ce qui marquait mieux le haut rang qu'il occupait dans la hiérarchie judiciaire. Il s'adjoignit bientôt des assesseurs, car sa juridiction s'étendit avec une grande rapidité, mais il resta toujours le chef, et la sentence rendue commençait par ces mots : « Le Prévôt de Paris a dit : Nous ordonnons. » Sa voix était prépondérante. Dans l'origine il réunit à ses attributions de juge celles d'administrateur de la ville ; il gérait ses finances, commandait ses troupes, jouait un rôle politique, surveillait les prisons du Châtelet.

Ajoutez à cela qu'il siégeait de droit aux États Généraux comme premier juge de Paris, qu'il était le conservateur des privilèges de l'Université, et que, lorsque le roi tenait des lits de justice, il y assistait assis au pied du trône. Un magistrat de si haut rang avait besoin d'une garde d'honneur : en 1566 on lui en donna une, composée de douze soldats, portant hocquetons et hallebardes, qui le suivaient à l'audience et dans la ville. Le Grand Prévôt était en somme le premier président du tribunal du Châtelet, et le chef suprême de tous les magistrats qui y siégeaient, de tous les officiers qui y remplissaient une fonction quelconque.

Au-dessous de lui, je trouve le lieutenant civil, qui avait des attributions diverses, multiples, singulièrement mêlées et confuses : c'était lui qui s'occupait du règlement des professions, de la subsistance des habitants, des mesures d'hygiène à prendre contre les épidémies, ce qui ne l'empêchait pas d'être juge au Châtelet et de juger toutes sortes de causes civiles, par exemple les affaires au-dessus de 25 livres jusqu'à 1000 livres, les affaires de congés de maisons, de paiements de loyers, de salaires de domestiques, d'ouvriers, de levées de scellés, les contestations relatives aux héritages, etc. C'était donc à la fois une façon de préfet de la Seine et une sorte de juge de paix.

Auprès du lieutenant civil je trouve le lieutenant criminel qui jugeait les affaires de simple police, les délits et aussi les crimes, avec l'assistance d'autres magistrats. Puis viennent les conseillers au Châtelet, juges d'abord choisis par le Prévôt, puis, dans la suite, nommés par le roi ; les uns siègent à l'audience avec le Prévôt, et on les appelle plus spécialement auditeurs de causes ; les autres

sont chargés de faire les enquêtes, d'entendre les té-
moins, et on les désigne sous le nom d'enquêteurs-
examinateurs. Il y avait aussi au Châtelet un Procureur
du roi, qui était un substitut du Procureur Général et
remplissait des fonctions analogues à celles de notre
Procureur de la République actuel. Puis venaient les
avocats du roi, sortes d'avocats généraux ou plutôt de
substituts du Procureur de la République, auxquels on
communiquait toujours les affaires où le roi, le public,
l'Église et les mineurs étaient intéressés : ils donnaient
leurs conclusions. Leur chambre s'appelait, comme aujourd'hui, le parquet.

On trouvait auprès de la juridiction du Châtelet un barreau, des avocats spéciaux pour ce tribunal et ne pouvant
plaider que là, du moins dans l'origine. Plus tard, comme
les avocats au Parlement plaidaient au Châtelet, on
donna l'autorisation aux avocats du Châtelet de se pré-
senter devant le Parlement. A côté d'eux venaient les
procureurs — les avoués d'aujourd'hui, — avec leurs
clercs, toute la basoche du Châtelet, puis les notaires,
chargés de rédiger les actes et contrats, puis les greffiers
qui écrivaient les jugements, grossoyaient et paperas-
saient tout le jour, puis les huissiers : huissiers audien-
ciers, huissiers à cheval, huissiers à verge. Ajoutez encore
à tout cela les commissaires du Châtelet, qui étaient chargés de l'exécution des règlements de police, concernant
la propreté de Paris, la sûreté des rues ; ils avaient aussi
mission d'entendre les comptes de tutelle et de commu
nautés, les affaires d'exécutions testamentaires, les par-
tages entre les héritiers ; de plus ils taxaient les dépens,
apposaient les scellés, recevaient les plaintes, faisaient

les informations, exécutaient les ordres des lieutenants civil et criminel, ét tenaient tout à la fois du juge de paix et du commissaire de police actuels.

Il fallait au Grand Châtelet une garde, une troupe spéciale. A sa tête se trouvait le Chevalier du guet, qui commandait les hommes d'armes, les exempts et les sergents, chargés de poursuivre et d'arrêter les malfaiteurs. Le Chevalier du guet avait voix délibérative lorsqu'on jugeait les accusés faits prisonniers par sa compagnie. En 1771 on changea son nom et on l'appela le Commandant du guet.

Enfin il y avait des chirurgiens-jurés, qui étaient chargés de visiter les prisonniers, de leur donner des soins, de faire des expertises, d'assister à la torture et à la question, pour voir si le patient était en état de supporter l'épreuve, et déclarer quand il fallait s'arrêter.

Vous le voyez, c'est tout un monde qui grouille dans ces vieux murs sombres du Châtelet, car il faut ajouter encore à tous ces magistrats et officiers divers, le concierge, les geôliers, et enfin les malheureux prisonniers, qui supportent le poids de l'injustice, des colères, des caprices et du bon plaisir de tous.

La juridiction du Châtelet était fort importante, aussi le tribunal était-il divisé en un certain nombre de chambres : il y avait la Chambre de la prévôté, appelée le plus souvent *Parc civil*, où se plaidaient les affaires civiles ; la Chambre du conseil, où se jugeaient les affaires dans lesquelles il y avait un rapport, et où l'on délibérait des affaires concernant la compagnie ; la Chambre criminelle, qui jugeait les crimes ; la Chambre de police, devant laquelle défilaient toutes les petites causes, les voies de fait, injures, querelles, batailles, etc.

En somme, le Châtelet avait un double rôle, administratif et judiciaire, comme l'indique M. Desmaze, dans le volume qu'il lui a consacré ; rôle administratif, puisque le prévôt, le lieutenant civil et le lieutenant de police avaient à peu près les attributions qu'ont aujourd'hui notre préfet de la Seine, notre préfet de police et notre conseil municipal ; (ils administraient les finances de la ville, s'occupaient des questions d'édilité, d'hygiène, de police); rôle judiciaire, puisque le prévôt, les lieutenants civils et de police, assistés de conseillers, jugeaient des affaires civiles, correctionnelles et criminelles d'importance diverse.

Ce tribunal avait une compétence fort étendue, singulièrement multiple et confuse. Il jugeait les contestations sur ventes mobilières et sur locations verbales, les affaires de paiement des avocats, médecins, apothicaires, ouvriers, domestiques, etc., toutes les causes personnelles jusqu'à une certaine somme, tout ce qui concernait les corps de marchands, arts et métiers, maîtrises ; de plus, le lieutenant civil tenait les référés, comme aujourd'hui le président du tribunal de première instance. Aux causes civiles, ajoutez les affaires de simple police, les affaires correctionnelles, et les criminelles ; c'est ainsi qu'on juge au Châtelet les contraventions aux alignements, à la salubrité, au roulage, les affaires de coups, de rixes, d'injures : devant lui passent les vagabonds, les escrocs « qui, par des tours de cartes et subtilités, escroquent au cabaret des deniers comptants » — les bonneteurs du temps présent —, les voleurs de toute espèce, les faux-monnayeurs, les banqueroutiers, les assassins, les gens coupables de faux, d'abus de confiance, les faiseurs de libelles séditieux. De plus, il recevait les appels des chatellenies situées dans la vicomté de Paris.

Quant aux appels des jugements qu'il avait rendus, soit en matière civile, soit en matière criminelle, ils étaient portés devant le Parlement. Il n'était qu'une juridiction de premier degré, sous la surveillance de la juridiction suprême, le Parlement. C'est ainsi que le président de ce grand corps judiciaire allait au Châtelet publier des ordonnances, et visiter les prisonniers. Les conseillers aussi s'y rendaient cinq fois dans l'année pour statuer sur les demandes en liberté des prisonniers pour dettes ; ils pouvaient ordonner leur mise en liberté sous caution.

En somme, le Châtelet statuait autrefois sur les causes jugées actuellement par les juges de paix, ceux de simple police, le tribunal civil de première instance, le tribunal correctionnel et la Cour d'assises. La Révolution emporta cette vieille juridiction ; l'Assemblée nationale la supprima par le décret du 11 septembre 1790. Les bâtiments ne furent pas démolis pour cela ; ils subsistèrent intacts ; les prisons du Châtelet furent peuplées de prisonniers pendant la Terreur, et en septembre 1792, on en massacra deux cent quatorze. Il convient de dire que c'est un écrivain royaliste qui donne ce chiffre : il n'y aurait rien d'étonnant à ce qu'il fut notablement exagéré.

Le Châtelet prononçait des peines minimes, par exemple un emprisonnement de quelques jours, et aussi des peines graves, la marque, le bannissement, la décapitation, la pendaison, la roue, la mise à la question, les tortures de toutes sortes. Je relève quelques condamna-

tions qui vont nous donner une idée de cette terrible justice aux mains de fer.

En 1390, un certain Jehan Jousse, pour « avoir fait
faus coings et forgé fausse monnaie, fut condamné à être
bouilli et mourut en la chaudière ». Au XIVᵉ siècle
encore, une femme Gillette la Large « prévenue d'avoir
enlevé des cuillers d'argent au préjudice de Jehan de
Maulnes, son maître, fut condamnée à avoir l'oreille
droite coupée, et, après, bannie de la ville de Paris et de
dix lieues aux environs à toujours, sous peine d'être enfouie vive ». Quelle disproportion du délit à la peine !
Quelle cruauté ! L'oreille coupée et le bannissement avec
menace d'être enfouie vivante pour un vol de cuillers !
Les gens de cette époque n'avaient pas le sentiment de
la justice, ils ne rêvaient qu'une expiation barbare de la
moindre faute. Plus tard, un nommé Robert Bonneau
« qui avait épousé deux femmes, pour ce, fut condamné
à être pendu et étranglé ». Quelques années après, un
certain Sarrazin pénétra dans une chapelle de la Vierge :
là il mit l'épée à la main, tâcha de frapper l'hostie, de la
couper, renversa le ciboire et le calice, et donna au prêtre qui officiait un coup d'épée au travers du corps.
C'était évidemment un fou ; on le condamna néanmoins
à avoir le poing coupé et à être brûlé. Par arrêts du
Châtelet, des voleurs eurent l'oreille tranchée, des sor-
cières furent brûlées, des libraires condamnés aux galères pour avoir imprimé un libelle contre le gouvernement.

Ainsi le bannissement, la mutilation, la marque, le
fouet, les galères, la mort de différentes sortes (supplice
de la roue, écartèlement, décapitation, pendaison), voilà

les terribles peines que peut appliquer le Châtelet. Il est vrai que les juges avaient soin de l'âme des condamnés ; ils leur offraient le « sacrement de confession », et voulaient qu'ils fussent « assistés d'un ecclésiastique jusqu'au moment du supplice ». Et de plus, le lieutenant criminel, monté sur une mule, accompagnait les condamnés à mort jusqu'à l'échafaud.

J'ai parlé jusqu'ici de la juridiction établie au Châtelet et de l'aspect extérieur de ses bâtiments. Pénétrons à l'intérieur. Nous y trouvons des salles, où siégeaient les divers tribunaux, des greffes, les appartements du Grand Prévôt, qui y logeait, des préaux et des cours ; je ne m'arrête point à décrire tout cela, et je veux simplement vous parler de la Morgue et des prisons.

Au XIV siècle on avait établi, sous la grande voûte, allant de la rue Saint-Denis à la rue Saint-Leufroi, un réduit de huit à neuf mètres carrés à peu près, bas, à demi sombre, éclairé seulement par une méchante petite fenêtre, dans lequel on déposait les cadavres des noyés, des suicidés, ou des gens morts sur la voie publique ; on regardait les corps exposés par une sorte de lucarne grillagée, qui permettait de plonger les yeux dans ce lieu empesté, où la décomposition faisait son sourd travail. C'était la Morgue, qu'on appelait alors la *basse geôle* du Châtelet. Les cadavres y restaient souvent fort longtemps, et on ne prenait guère de mesures pour les conserver. J'ai lu qu'un Hollandais, nommé Beck, qui avait commis trois meurtres, s'était suicidé le 10 janvier 1658, et que son corps avait été porté au Châtelet. Comme on voulait le garder pour le traîner par la ville et l'attacher au gibet, on le sala. Ainsi conservé, comme l'on fait pour un porc,

on le laissa plus de quinze jours à la Morgue, pendu par
la jambe, parce que c'était le corps d'un suicidé. L'ambassadeur de Hollande, après maintes réclamations, finit
par l'obtenir, sous la condition qu'on paierait sur les
biens de Beck 30.000 florins pour les parties civiles, et
10.000 pour le bâtiment du Châtelet.

En général, les cadavres restaient exposés assez longtemps, dans la puanteur de cette Morgue, et lorsqu'ils
n'étaient ni reconnus, ni réclamés, on les remettait aux
Filles Hospitalières de Sainte-Catherine, qui les lavaient,
les ensevelissaient dans un suaire par elles fourni, et
allaient les porter au cimetière des Innocents, où elles
les inhumaient dans une fosse spéciale. On transportait
ces morts infortunés la nuit ; un homme en tête tenait
une torche, puis venaient deux portefaix avec la civière
où était le cadavre, et enfin quelques sœurs hospitalières fermaient ce triste cortège.

J'arrive à la description des prisons du Châtelet. Elles
étaient « en merveilleux nombre » comme dit un écrivain
du XV° siècle, Guillebert de Metz, salles communes, cellules et cachots souterrains. On y enfermait les gens qui,
attendant leur jugement, étaient détenus *préventivement*,
et aussi quelquefois des individus frappés de peines légères. Lorsque le Parlement ou le Châtelet avaient prononcé leur sentence, on transférait les condamnés dans
d'autres prisons qui leur étaient spécialement affectées.

Les nobles n'étaient pas détenus au Châtelet ; ils
avaient leurs prisons particulières, la Tour du Louvre,
et plus tard la Bastille ; les prêtres et clercs tonsurés n'y
entraient pas non plus ; soumis à la juridiction de l'Official ils étaient placés dans les cachots de l'évêché et des

abbayes. Quant aux bourgeois on les incarcérait au Châtelet. Mais on' y trouvait surtout des inculpés de basse condition ; cela se comprend puisque le tribunal voyait défiler devant lui la foule bigarrée des coupe-bourses, des malandrins, des voleurs de toutes sortes, qui n'appartiennent pas, du moins en général, à la bourgeoisie. Les bourgeois détenus étaient ou des banqueroutiers, ou des escrocs de haut vol, ou des débiteurs insolvables, car le Châtelet était aussi une prison pour dettes : il convient de dire que cette dernière catégorie de détenus était placée dans des cellules spéciales, moins affreuses que les prisons proprement dites, soumis à un régime plus doux, et nourris par le geôlier, qui était payé par les créanciers.

L'entrée des prisons était sous la voûte et rue Saint-Leufroy ; une double grille et deux guichets la fermaient. Ces prisons étaient horribles en général. C'étaient pour la plupart des antres humides avec des murs visqueux et froids ; dans celles qui étaient communes, les détenus, entassés les uns sur les autres dans la saleté malsaine, s'y communiquaient des maladies de toutes sortes : il y eut la peste au Châtelet je ne sais combien de fois. Chaque prison avait son nom particulier : C'était La Barbane, Barbarie, Baumont, Beauvais, Beauvoir, Le Berceau (on devait y être bien mal bercé), La Boucherie, La Chausse d'hypocras, les Chaînes (on y tenait les prisonniers enchaînés), l'Entre-deux-Huis, Fin d'aise (un abominable cachot, où pourrissaient des ordures, qui infectaient l'air et le rendaient presque irrespirable), La Fosse (où on descendait les prisonniers au moyen d'une corde passant sur une poulie de cuivre, cachot enfoui,

profond, au sol couvert d'eau, si terrible que même dans
les temps les plus barbares on hésitait à y jeter les criminels les plus coupables : en sept siècles on n'y plon-
gea que vingt individus, qui n'y vécurent guère plus de
quinze jours ; tant mieux, hélas ! la mort était la déli-

François Villon (1431-1489).

vrance), puis encore Gloriette, La Gourdaine (horrible
cachot sans air, dont le Parlement interdit l'usage par
arrêt du 10 mars 1551), La Griesche, La Motte, Le
Paradis (quelle cruelle ironie !), Le Puits (cachot voisin
d'un puits, supprimé en même temps que La Gourdaine).
D'autres encore. Enfin il y avait les oubliettes, où on
jetait un homme, comme une pierre au fond d'un puits.
Il y restait enfoui à jamais, dans la boue fétide, au milieu de cadavres pourrissants, perdu dans les profon-

deurs, crispant ses mains désespérées contre les murailles de granit. Et cela se passait non-seulement dans la barbarie du moyen âge, mais encore aux XVI°, XVII°, XVIII° siècles. Ah, il était temps que les philosophes, et les encyclopédistes arrivassent ! Il était temps que Voltaire parût, et semât partout les idées de justice, d'humanité, de douceur, de proportion des peines aux délits. Certes la société a le droit absolu de se défendre contre les voleurs, les criminels, les malandrins de toute espèce, mais elle n'a pas le droit de les torturer, de les tuer lentement, avec un raffinement d'abominable cruauté. En matière pénale nos ancêtres avaient des idées de sauvages !

Clément Marot, l'aimable et fluide poète, le gentil *Maître Clément*, a comparé ces prisons du Grand-Châtelet à l'Enfer. Il y avait été enfermé, comme Villon, son ancêtre, qui avait connu mieux que personne l'art de vivre aux dépens des rôtisseurs de son temps, et pour ce -- et pour bien d'autres choses encore — avait eu souvent maille à partir avec la justice. Ces poètes étaient gens indisciplinés et gibiers à magistrats ! Donc Marot fut emprisonné au Châtelet, une première fois pour hérésie — il avait mangé du lard un vendredi ! Quel crime épouvantable ! — Une seconde fois pour avoir rossé le guet et lui avoir enlevé un prisonnier. C'est là, entre ces grands murs sombres, dans ces froides ténèbres, qu'il composa son *Enfer*.

« Si ne crois pas qu'il y ait chose au monde
Qui mieux ressemble un enfer très immonde ;
Je dis enfer, et enfer puis bien dire :
Si l'allez voir, encor le voirrez pire ; »

nous dit-il; et plus loin, avec une pitié émue :

> « O chers amis, j-en ai vu martyrer
> Tant que pitié m'en mettait en esmoy
> Par quoi vous prie de plaindre avecques moy
> Les innocents qui, en tels lieux damnables
> Tiennent souvent la place des coupab'es. »

Clément Marot (1495-1544).

Hélas oui, il y en eut des innocents enfermés là, tristes et gémissants, tandis que les vrais coupables se prélassaient tranquillement au soleil !

Maître Clément ne tint pas à rester longtemps logé en pareille hôtellerie. Il fit des pieds et des mains pour en sortir et écrivit au roi lui-même. Son épître est d'une aimable gaîté, avec des traits malicieux, comme celui-ci par exemple, sur lequel il termine :

> « Très humblement requérant votre grâce
> De pardonner à ma trop grande audace

D'avoir empris ce sot écrit vous faire :
Et m'excusez, si pour le mien affaire
Je ne suis point vers vous allé parler;
Je n'ai pas eu le loisir d'y aller. »

Mais je me laisse entraîner à bavarder de Marot! Revenons au Châtelet.

Pour vivre dans cette auberge forcée, au milieu de ces redoutables bâtiments, les prisonniers payaient un *droit de gîte et de geôlage*. C'est un comble! Ce droit variait suivant les personnes et les prisons où étaient enfermés les détenus. Voici ce qu'on lit dans une *Instruction* de 1373 : « Si un prisonnier gist en *Chaines*, en *Beauvoir*, en *La Motte* (ce sont des noms de prisons), il paiera chascune nuit pour son lict 4 deniers et pour la place 2 deniers et s'il fait venir son lict de sa maison, faire le pourra et ne paiera que 2 deniers pour place. *Item*, chascune personne qui sera emprisonnée en la *Boucherie*, en *Beaumont*, ou en la *Griesche*, même prix de 2 deniers. *Item*, si un prisonnier est mis en *Beaumont* et s'il gist sur nattes ou sur couche de paille il doit par chascune nuict 1 denier. *Item* en la *Fosse*, quand il a de quoi payer, 2 deniers, et au *Puis*, en *La Gourdaine*, 1 denier. La personne mise en *Barbane* ou en *Gloriette*, mêmes prix qu'en *Beauvoir*, et, s'il a le lict, 4 deniers pour lict. Le prisonnier d'*Entre-deux-huis*, 1 denier. »

Ce n'étaient pas des prix doux si l'on songe au mauvais logement que le geôlier vous donnait, et si l'on pense qu'on avait quelquefois un lit pour trois. La même *Instruction* indique les droits de geôlage, d'entrée et d'issue proportionnés à la condition des détenus. J'y lis : « Un simple homme ne doit que 4 deniers et ne les paie que

une fois quand il est délivré ; un simple chevalier ou
dame, 5 sols : un chevalier banneret ou sa femme, 20 sols :
un comte ou une comtesse, 10 livres : un escuyer ou une
simple damoiselle, 12 deniers ; un lombard ou un juif,
également 12 deniers. Nul clerc ne doit le geôlage. »

Avec tout cela le geôlier faisait ses affaires ; il était
toujours payé, car il avait le droit de retenir les prisonniers pour son droit de geôlage ; c'était un commerce
comme un autre ; aussi la geôle du Châtelet était-elle
affermée aux enchères. On la vendait ainsi « à bonnes
gens, qui donneront bonnes cautions de bien traiter les
prisonniers ». Je crois qu'en général les dites bonnes
gens se souciaient plus de leurs intérêts particuliers que
de ceux des malheureux détenus : ils songeaient avant
tout à bien gagner leur vie.

Le geôlier devait être un laïque, non tonsuré ; il portait
un habit rayé de deux couleurs ; c'était un important
personnage qui avait sous ses ordres des valets, guichetiers et sous-geôliers. Il avait des fonctions multiples.
C'était lui qui inscrivait l'argent et les objets divers, que
portaient les prisonniers, avançait le prix du pain à distribuer à ceux qui ne possédaient rien, fournissait les
vivres à ceux qui pouvaient payer, d'après un tarif fixé
par le Prévôt, à moins cependant qu'ils ne préférassent
faire venir leurs repas de quelque auberge voisine du
Châtelet, ce qui leur était permis. Le geôlier notait
aussi les réclamations des prisonniers, par exemple
celles des détenus qui prétendaient avoir la tonsure
et voulaient être livrés à la juridiction ecclésiastique. Il
avait le devoir de surveillance générale ; il lui était dé-
fendu de permettre à ceux qui étaient emprisonnés d'é-

crire, de jouer aux dés ou autres jeux — à l'exception des prisonniers pour dettes, — de laisser les criminels communiquer avec des personnes du dehors. C'était encore le geôlier qui servait d'intermédiaire entre les détenus et les gens charitables qui voulaient leur faire parvenir de l'argent, des vivres, des dons quelconques. On avait l'habitude jadis de faire l'aumône aux prisonniers.

> « ... Je vais aux prisonniers
> Des aumônes que j'ai distribuer les deniers, »

nous dit Tartuffe. Avec cela les misérables hôtes du Châtelet adoucissaient quelque peu leur existence. S'ils n'avaient pas d'argent et ne pouvaient payer le geôlier, si d'autre part personne ne venait à leur secours, ils étaient réduits à la portion congrue, au régime débilitant et maigre de la prison : une livre et demie de pain médiocre par jour, un peu de soupe et de légumes cuits à l'eau, quelquefois, très rarement, de la viande.

Bien venus étaient les dons de victuailles que des habitants de Paris leur faisaient de temps à autre, par exemple les orfèvres, le jour de Pâques, les drapiers, à la fête de leur confrérie. Au XVIIIe siècle on prit l'habitude de leur distribuer une partie des rôtisseries confisquées.

Quant aux prisonniers aisés ou riches ils vivaient assez grassement. Le geôlier les prenait en pension et les nourrissait bien ; il tenait en quelque sorte auberge ouverte, et non seulement fournissait la table, mais encore le logement, car il louait à certains détenus des chambres avec des lits et des meubles. Ce geôlier ou concierge était en somme un commerçant cossu, qui gagnait gros, des quinze et vingt mille livres par an. Aussi la place était-elle très recherchée, et quand un geôlier se retirait des affaires, fortune faite, exigeait-il de son successeur un fort pot-de-vin de vingt ou vingt-cinq mille livres. L'autre rattrapait bientôt l'argent déboursé. En fin de compte c'étaient les pauvres détenus qui payaient cela.

De temps à autre, dans certaines circonstances solennelles, on délivrait des prisonniers, assez arbitrairement, comme presque tout ce que l'on faisait dans ce vieux temps qui ne se souciait guère de l'équité et de la justice absolues. Ainsi lors de l'entrée à Paris, du roi, de la reine, ou d'un souverain étranger, quand le cortège passait devant le Châtelet pour se rendre au Palais ou à Notre-Dame, on délivrait un certain nombre de prisonniers triés avec soin sur le volet. Le clergé de Saint-Germain-l'Auxerrois avait le même droit, une fois par an, le dimanche des Rameaux, et le président ainsi que les conseillers du Parlement la veille de la Pentecôte.

Le Prévôt devait visiter ou faire visiter par son lieutenant les détenus, chaque semaine, le lundi ; il s'enquérait de la façon dont les traitait le geôlier. Chaque mois deux conseillers au Parlement venaient également leur faire une visite et les interroger. Tout cela n'empêchait pas les malheureux d'être, la plupart du temps, dans un état fort pitoyable. On criait bien haut qu'il fallait que les prisons fussent saines et aérées. Hélas, elles ne l'étaient guère ! Des édits parurent plus nombreux qu'utiles, car ils restèrent souvent lettre morte.

Voilà donc comment vivaient les prisonniers du Châtelet, soumis à l'arbitraire des juges, aux caprices des geôliers, mal nourris, enfermés dans de noires prisons ou dans des cachots souterrains et fétides, restant ainsi à attendre un jugement lent à venir, devenant souvent la proie des maladies contagieuses. Combien sont morts désespérés entre ces vieux murs et ont été transportés au couvent des Hospitalières Sainte-Catherine dans le pauvre cercueil en sapin, banal, fait pour tous les cadavres, où tous les morts passaient à leur tour, ce cercueil sali et puant, qu'on appelait, par une plaisanterie macabre, « *la croûte de pâté* ».

On instruisait les causes au Châtelet, et la procédure de ce temps était abominablement cruelle : on employait couramment en matière criminelle la *question*, c'est-à-dire qu'on torturait l'inculpé, plus ou moins, pour lui arracher un aveu, ce qui est à la fois odieux et absurde ; l'aveu, dans de pareilles conditions, n'a plus aucune valeur ; ce sont les souffrances qui l'arrachent, et bien des prisonniers ont menti, avouant des crimes qu'ils n'avaient pas commis, pour faire cesser leur torture. La Bruyère l'a écrit : « La question est une invention merveilleuse et tout à fait sûre pour perdre un innocent qui a la complexion faible, et sauver un coupable qui est né robuste. » On ne saurait mieux dire.

Voici ce qui arrivait. Le tribunal faisait prêter serment à l'inculpé sur l'Évangile de dire la vérité ; le malheureux contait son affaire ; les juges en général pensaient qu'il avait caché quelques détails et décidaient qu'il serait mis à la question.

Il y avait plusieurs sortes de supplices, que tous ces gens avaient inventés avec un raffinement de cruauté inouï.

Par exemple on s'emparait du prisonnier, on le couchait nu sur une sorte de lit où on l'attachait, puis on lui

versait de l'eau froide sur diverses parties du corps ; c'é-
tait le commencement. Si les réponses n'étaient pas satisfaisantes on lui entonnait dans la bouche de l'eau, contenue dans des pots dits *coquemars*. D'après M. Desmaze une certaine femme, accusée d'assassinat sur son
mari, but ainsi huit pots entiers : je ne sais au juste
ce qu'ils contenaient, mais, à coup sûr, ce n'était pas des
dés à coudre.

Il y avait aussi la *pelote,* autre genre de question : on
liait le patient avec des cordes qu'on serrait graduellement jusqu'à ce qu'elles pénétrassent dans les chairs ;
puis il y avait encore la question par le tirage et l'exten-
sion des membres.

L'Anglais Evelyn dans ses *Voyages en France* nous
raconte en quoi elle consistait. « Je suis allé au Châtelet,
dit-il, voir donner la question à un malfaiteur. On commença par lui lier les poignets d'une forte corde, qu'on
passa dans un anneau de fer scellé dans le mur à quatre
pieds de haut, puis on lia ses pieds d'une autre corde
passée dans un anneau pris dans le pavé. Ainsi sus-
pendu sur un plan incliné on passa un chevalet de bois
sous le câble qui liait ses pieds, ce qui le tendit au point
de le disloquer. Comme il ne voulut rien avouer on mit
sous le chevalet un autre chevalet pour rendre l'exten-
sion plus douloureuse, puis on lui introduisit dans la
bouche le bout d'une corne, et on lui versa, tant dans le
gosier que sur le corps, la quantité de deux seaux d'eau,
qui l'enfla prodigieusement ; puis on le détacha et on le
porta devant un bon feu pour le faire revenir. »

On avait ainsi toujours soin de surveiller le patient, afin
qu'il ne s'évanouît ou ne trépassât point ; quand il avait

une faiblesse on arrêtait la torture et on lui jetait de l'eau
à la figure ; puis lorsqu'il avait bien recouvré ses esprits
on recommençait de plus belle !

Il y avait aussi la question par les brodequins ; c'é-
taient des planchettes qu'on serrait contre les os des
jambes, avec des coins de bois ou de fer ; quelquefois les
os étaient brisés. Balzac, notre grand romancier, a décrit deux scènes de torture par les brodequins, l'une qui
se passe justement au Châtelet dans les *Souvenirs d'un
paria*, et l'autre, qui a lieu au Louvre, dans *Catherine
de Médicis*.

Il s'agit, dans ce dernier ouvrage, d'un jeune réformé
nommé Christophe, qui est mis à la question par Guise.
Écoutez Balzac et vous aurez une idée de ce qu'était cet
épouvantable supplice :

« Après avoir dressé un lit à la hâte, le bourreau et
ses valets préparaient des machines appelées *brodequins*
consistant en plusieurs planches entre lesquelles on plaçait chacune des jambes du patient, qui s'y trouvait prise
dans de petits matelas. Chaque jambe ainsi arrangée
était rapprochée l'une de l'autre. L'appareil employé par
les relieurs pour serrer leurs volumes entre deux planches qu'ils maintiennent avec des cordes, peut donner
une idée très exacte de la manière dont chaque jambe était
disposée. Chacun imaginera dès lors l'effet que produi-
sait un coin chassé à coups de maillet entre les deux appareils où la jambe était comprimée et qui, serrés eux-
mêmes par des câbles, ne cédaient point. On enfonçait
les coins à la hauteur des genoux et aux chevilles, comme
s'il s'agissait de fendre un morceau de bois. Le choix de
ces deux endroits dénués de chair et où par conséquent

le coin se faisait place aux dépens des os rendait cette question horriblement douloureuse. Dans la question ordinaire on chassait quatre coins, deux aux chevilles et deux aux genoux; mais dans la question extraordinaire on allait jusqu'à huit, pourvu que les médecins jugeassent que la sensibilité du prévenu n'était pas épuisée... »

Le Grand Prévôt procède à l'interrogatoire de Christophe. Comme ses réponses ne sont pas satisfaisantes il fait un signe au bourreau. « A ce signe le front de Christophe se rida ; il fronça les sourcils par une contraction nerveuse en se préparant à souffrir. Ses poignets se fermèrent par une contraction si violente que ses ongles pénétrèrent dans sa chair sans qu'il le sentit. Les trois hommes (le bourreau et ses deux valets) s'emparèrent de lui, le placèrent sur le lit de camp, et l'y couchèrent en laissant pendre ses jambes. Tandis que le bourreau attachait son corps sur cette table par de grosses cordes, chacun de ses aides lui mettait une jambe dans les brodequins. Bientôt les cordes furent serrées au moyen d'une manivelle, sans que cette pression fit grand mal au réformé. Quand chaque jambe fut ainsi prise comme dans un étau le bourreau saisit son maillet, ses coins, et regarda tour à tour le patient et le greffier.

— Persistez-vous à nier ? dit le greffier.

— J'ai dit la vérité, répondit Chistophe.

— Eh bien, allez, dit le greffier en fermant les yeux.

« Les cordes furent serrées avec une vigueur extrême. Ce moment était peut-être le plus douloureux de la torture : les chairs étaient alors brusquement comprimées, le sang refluait violemment vers le buste. Aussi le pauvre enfant ne put-il retenir des cris effroyables, il parut près de s'évanouir. On appela le médecin. Ce personnage tâta le pouls de Christophe et dit au bourreau d'attendre un quart d'heure avant d'enfoncer les coins, pour laisser au sang le temps de se calmer et à la sensibilité celui de revenir entièrement... »

Comme le courageux jeune homme, malgré ses souffrances, n'avoue rien, le duc de Guise et le cardinal de Lorraine ordonnent la continuation du supplice.

« Le bourreau et son premier aide saisirent leurs maillets, prirent chacun un coin et l'enfoncèrent : l'un se tenait à droite, l'autre à gauche entre les deux appareils. Le bourreau était à la hauteur des genoux, l'aide vis-à-vis des pieds, aux chevilles... Aux deux autres coins il laissa échapper un gémissement horrible. Quand il vit prendre les coins de la question extraordinaire il se tut ; mais son regard contracta une fixité si violente et jeta aux deux seigneurs, qui le contemplaient, un fluide si pénétrant que le duc et le cardinal furent obligés de baisser les yeux... Au cinquième coin, le premier de la question extraordinaire, Christophe dit au cardinal.

— Monseigneur, abrégez mon supplice, il est inutile ! .... On enfonça le sixième et le septième coins sans que Christophe se plaignît : son visage brillait d'une splendeur extraordinaire, due sans doute à l'excès de force que lui prêtait le fanatisme excité. Enfin Christophe se mit à sourire au moment où le bourreau prit le huitième coin. Cette horrible torture durait depuis une heure. Le greffier alla chercher le médecin afin de savoir si l'on pouvait enfoncer le huitième coin sans mettre la vie du patient en danger... Le médecin vint, examina la victime et dit qu'elle pouvait encore supporter le huitième coin.

— Enfoncez-le, dit le cardinal.

...Le coin fut enfoncé, l'une des planches entre lesquelles on le chassait, cassa. Christophe laissa partir de
sa poitrine un cri horrible, après lequel il se tut et montra un visage rayonnant : il croyait mourir. »

Et pour le remettre des atroces douleurs qu'il a sup-
portées on envoie le pauvre Christophe dans les prisons
d'Orléans !

Voilà ce qu'était la *question* admirablement décrite
dans ces pages dramatiques. Ajoutez à cela qu'elle devait être subie à jeun : toutefois lorsque le geôlier avait
un cœur accessible à la pitié il donnait au torturé un peu
d'eau-de-vie. Notez que c'était un supplice *préalable* ;
on appliquait la *question*, dans la plupart des cas, non
pas à un condamné, mais à un inculpé, dont le crime
n'était pas prouvé : c'était un moyen d'instruction, une
façon de terrible interrogatoire. Le 1ᵉʳ mai 1780, on l'abo-
litàtitre d'essai, et enfin par décret du 8 octobre 1789
l'Assemblée Constituante supprima toutes les tortures.
Sans cela Louis XVI aurait peut-être subi la *question !*

*
* *

Le Châtelet vit bien des prisonniers divers enfermés
entre ses murailles. J'en veux signaler quelques-uns, les
plus fameux.

En 1320, paraît-il, un Prévôt de Paris nommé Henri
Capperel fit pendre un malheureux prisonnier à la place
d'un grand criminel ; la famille de ce criminel qui était
fort riche, avait fait don à ce Prévôt d'une grosse somme
et cela lui avait touché le cœur. Le roi le sut, et fit pendre

Henri Capperel au même gibet que le pauvre prisonnier.
C'était justice.

Nous voyons successivement au Châtelet, dans
le cours du XIV° siècle, une magicienne, Margue-
rite de Belleville, accusée de jeter des sorts ; le comte
d'Eu, qui y fut décapité sur l'ordre du roi Jean ; plus
tard, en 1341, des partisans d'Étienne Marcel, l'échevin
Charles Toussac, et le trésorier du roi de Navarre ; en
1377 on mit dans le cachot *Fin d'aise*, un bourgeois,
Honoré Paulard qui avait empoisonné, pour en hériter,
son père, sa mère, ses deux sœurs, et trois autres personnes ! Ce Paulard, n'y allait pas de main morte. Pour
sa punition il resta dans l'horrible cachot et y mourut au
bout d'un mois. On enferma aussi au Châtelet les chefs
principaux de ces bandes qui désolèrent la France pendant la guerre de Cent ans, puis nombre de juifs, entre
autres un juif espagnol Salmon de Barcelone, voleur
comme pas un ; on le condamna à être pendu par les
pieds entre deux grands chiens. Pour éviter ce supplice il
se fit chrétien ; des chapelains de Saint-Jacques la
Boucherie le baptisèrent, la femme du geôlier fut sa
marraine ; un mois et demi plus tard on le pendit sous le
nom chrétien de Nicolas. C'était bien la peine d'avoir
changé de religion !

Au commencement du XV° siècle, en 1402, je vois
qu'on emprisonna au Châtelet un certain Jehan Dubos,
procureur au parlement, et sa femme Ysabelet. Ils
étaient soupçonnés d'avoir empoisonné le premier mari
de ladite Ysabelet. Dubos fut pendu et sa femme brûlée
vive, et cela sur un simple soupçon ! En 1409 le surintendant des finances, Jean de Montaigu, fut arrêté par

le Prévôt Pierre des Essarts, torturé et condamné à mort. Quatre ans plus tard Pierre des Essarts subit le même sort. En 1418, pendant la domination des Bourguignons à Paris, le comte d'Armagnac et beaucoup de ses partisans furent incarcérés au Châtelet. Le dimanche 12 juin la populace des *Cabochiens* pénétra dans les prisons et massacra les Armagnacs avec une sauvagerie de fous furieux. Le 22 août, nouveaux massacres : on tua aveuglément, même des prisonniers non politiques, même des partisans du duc de Bourgogne. La démence sanguinaire qui s'était emparée de tous les massacreurs ne leur permettait pas de reconnaître ceux qu'ils frappaient et ils tuaient au hasard, pour le seul plaisir de donner la mort et de voir couler le sang.

En 1467, Martial d'Auvergne, poète de Charles VII, fut enfermé dans un des cachots. Vers la même époque, j'y trouve emprisonnés nombre de clercs de la basoche, qui, dans les *farces* ou les *moralités,* se moquaient du roi et de son gouvernement ; puis des vagabonds, des faux monnayeurs, des « larrons et épieurs de chemins ».

En 1526, j'y aperçois Clément Marot ; j'ai parlé plus haut de son emprisonnement et je n'y reviens pas. A cette époque, j'y trouve beaucoup de gens accusés d'avoir blasphèmé. En 1539, on exécuta en effigie au Châtelet un certain Jean Frolo, qui avait tué un sergent à verges. Un peintre fit en relief sa figure, et habilla un mannequin ; il toucha pour cela 4 livres et 48 sols parisis : le mannequin fut traîné sur une claie jusqu'au pilori, eut la tête — sa jolie tête de poupée — tranchée par la main du bourreau, et le corps fut pendu.

En 1625, je vois un certain Borée, qui est accusé d'avoir

assassiné un riche bourgeois. On l'arrêta assez loin de Paris, et on le mit à cheval pour le conduire au Châtelet. En route, Borée, qui n'avait pas envie de faire connaissance avec les prisons de la forteresse, s'empoisonna et mourut. Les gens de cette époque ne s'embarrassaient pas pour si peu ; il fallait que leur prétendue justice suivit son cours. On amena Borée mort au Châtelet ; on lui fit son procès ; on condamna le cadavre au supplice de la roue, et on roua comme un vivant son corps à demi putréfié.

En 1652, Morlet, qui avait imprimé un libellé contre Mazarin, fut condamné par le Châtelet à être pendu, mais le peuple le délivra. Quatre ans après, des gentilshommes, qui avaient gaiement festoyé, s'amusèrent à détrousser les passants sur le Pont-Neuf : ils trouvaient cela fort drôle. Deux d'entre eux, le comte de Rochefort et le chevalier de Rieux, voulurent jouir en simples spectateurs des faits et gestes de leurs amis, et montèrent sur le cheval de bronze de la statue d'Henri IV. Le guet passa par là ; tous les farceurs s'esquivèrent rapidement ; seuls de Rochefort et de Rieux, empêtrés sur leur monture, ne descendirent pas assez vite et furent arrêtés. On les mit au Châtelet : de Rochefort, que Mazarin détestait, y resta quatre mois ; de Rieux, qui était hautement protégé, en fut quitte à moins cher.

En 1657, je trouve dans la vieille prison, le sieur de Barbeyères-Chamerant, qui, coupable de je ne sais quel crime épouvantable, fut condamné à la décapitation. Le bourreau maladroit s'y reprit à seize fois pour lui trancher la tête. Seize fois, vous entendez bien. Décidément la guillotine est une belle invention !

Molière, tout jeune alors, fut, lui aussi, enfermé au Châtelet, non pas dans une prison, mais dans une des chambres que louait le geôlier. Le directeur de l'*Illustre-Théâtre*, y fut incarcéré pour dettes. Un marchand

Molière (1622-1673).

chandelier, comme on disait alors, nommé Aubine Stauffer, était son créancier pour 142 livres — d'argent, pas de chandelles! — Ce digne négociant ne se souciait pas d'éclairer gratis l'*Illustre-Théâtre*, et la littérature touchait peu son âme vénale. Comme Molière ne pouvait le payer, il le fit emprisonner. Le jeune directeur adressa une requête au lieutenant civil, et il allait être relâché, lorsque survint un certain Pommier, qui avait obtenu sentence contre lui pour deux mille livres. Molière resta en prison. Alors le graveur des bâtiments du roi, Aubry, le cautionna. On allait lui ouvrir les portes, quand un nouveau créancier réclama et le directeur de l'*Illustre-Théâtre* ne fut délivré que plus tard, lorsqu'il eut fourni caution pour tous ses créanciers.

Au siècle suivant, en 1721, le fameux bandit Cartouche fut arrêté, avec plusieurs de ses complices, au bas de la colline de Belleville, au cabaret du Pistolet, tandis qu'il raccommodait tranquillement sa culotte, assis sur son lit. On le conduisit au Châtelet, au milieu d'une foule tapageuse, que la curiosité avait ameutée ; on l'incarcéra dans une des prisons et on l'attacha à un pilier. Il réussit à s'échapper par un trou fait dans le mur, dit-on. Comment avait-il pu percer cette solide muraille ? Je n'en sais rien. Toujours est-il qu'il prit la fuite. On le rattrapa, on le réintégra au Châtelet, puis on le transféra à la Conciergerie. Enfin le 27 novembre 1721, on le mit à la question et on le roua le lendemain en place de Grève.

Le célèbre empoisonneur Desrues fut, lui aussi, emprisonné au Châtelet, en 1777, et roué au mois de mai. « Je l'ai vu, nous conte Mercier, et entendu au Châtelet. Il n'avait à la bouche que les noms sacrés de Dieu, de religion. Le génie du crime n'a guère été plus loin. »

Voilà quels furent les plus notables prisonniers qui furent mis au Grand-Châtelet à diverses époques.

A la fin du XVIIIe siècle, le siècle des philosophes, ces abominables prisons, ces cachots souterrains, cette justice armée de peines barbares, tout cela devait disparaître. On avait torturé trop de gens innocents ou coupables ! La juridiction du Châtelet fut supprimée en 1790, mais les prisons servirent encore assez longtemps.

Le vieux château féodal s'en alla, de 1802 à 1810, pièce par pièce, morceau par morceau, et de cette sombre forteresse, où tant de prisonniers avaient attendu la mort en gémissant, il ne resta rien, plus un pilier des cachots, plus une pierre des murailles. Le Grand-Châtelet avait tenu debout plus de six cents années.

CHAPITRE III

LE PETIT CHATELET

Vous connaissez, n'est-ce pas, le Petit-Pont, dont l'unique arche franchit un des bras de la Seine, et rejoint actuellement la place du **Parvis Notre-Dame** à la rue du Petit-Pont, prolongation de la rue Saint-Jacques? Reconstruit, voilà une trentaine d'années, il avait déjà une fort longue existence, et une existence traversée par bien des accidents divers. Bâti d'abord en bois, puis en pierres, il s'écroula ou fut brûlé un nombre incalculable de fois, en 1206, en 1280, en 1296, en 1325, en 1376, en 1393, etc. Plus tard, en 1659, on le restaure encore, et en 1718 il brûle, avec toutes les maisons qui y étaient construites; car, jadis les ponts étaient encombrés de maisons en bois et en plâtras; une de celles bâties sur le Petit-Pont était habitée par ce Périnet le Clerc, qui, en 1418, ouvrit une des portes de Paris au duc de Bourgogne.

C'est à l'extrémité méridionale de ce pont, du côté de la rue Saint-Jacques, près de l'annexe actuelle de l'Hôtel-Dieu, que s'élevait une forteresse, qu'on appela le Petit-

Châtelet, par opposition au Grand-Châtelet, situé sur la
rive opposée de l'autre bras de la Seine. Il défendait, lui
aussi, l'entrée de la Cité. Quelle est au juste son origine?
Rien n'est plus difficile à déterminer. Les chroniqueurs
le mentionnent dès les premiers temps du moyen âge,

La Petit-Châtelet.

et prétendent même qu'il date de l'époque gallo-ro-
maine. Ce qui est certain, c'est qu'il fut assiégé au IX⁰
siècle par les terribles Normands. Ces audacieux aven-
turiers le criblèrent de traits; les Parisiens, qui étaient
en petit nombre, le défendirent avec un intrépide courage, et les Normands ne l'auraient peut-être pas pris
s'ils ne s'étaient avisés de l'incendier. Pour cela, ils ap-

prochèrent d'une des tours une charrette de foin et y jetèrent un tison ; le foin flamba et communiqua le feu à
cette malheureuse petite citadelle qui était en bois. Les
Parisiens, qui étaient au-dessus du fleuve, n'avaient pas
les moyens d'y puiser de l'eau ; ils furent obligés de
quitter la place et de se réfugier dans les ruines du
Petit-Pont, où ils se rendirent.

Cet assaut des Normands prouva que le Petit-Châtelet
était nécessaire à la défense de la Cité ; on le reconstruisit,
mais peu solidement, et en 1296, une inondation, qui
dura du 20 au 28 décembre, l'emporta avec le Petit-Pont.
Beaucoup plus tard, en 1369, Charles V, qui s'appliquait
à fortifier Paris, le reconstruisit, en pierres cette fois,
avec de larges murailles, sur lesquelles une charrette aurait pu circuler, murailles couvertes de jardins suspendus
comme ceux de Babylone. Il y avait, paraît-il, un double escalier, et ceux qui montaient d'un côté ne voyaient
pas ceux qui descendaient de l'autre. C'était en somme
une construction massive, ayant quelque analogie avec le
château Saint-Ange de Rome. Ce ne devait pas être une
agréable résidence pour le Prévôt de Paris, qui y demeura
quelque temps sous Charles VI.

Dulaure nous conte que le Petit-Châtelet fut destiné
alors, non seulement à défendre Paris, mais aussi à con-
tenir la turbulence des écoliers de l'Université. Il paraît
que les étudiants de cette époque étaient plus que tapageurs ; ils ne se contentaient pas, comme ceux d'aujour-
d'hui, de monômes inoffensifs, il leur fallait de vraies
émeutes, où on donnait et recevait de bons coups. Donc,
le roi mettait là une forteresse pour les effrayer, comme
on met dans un champ un vieux chapeau sur une croix

de bois, habillée d'un paletot avec des bras étendus et
menaçants, pour effaroucher les moineaux. Il est vrai,
qu'au bout de huit jours, ils perchent sur les bras menaçants et font leur nid dans le vieux chapeau! Je crois
bien que les écoliers d'antan étaient aussi effrontés que
les moineaux, et rossaient le guet sous les murs mêmes
du Petit-Châtelet! Cependant, on s'emparait quelquefois
des plus tapageurs, et on les enfermait dans les noires
cellules qu'Hugues Aubriot, le Prévôt de Paris, avait mé-
nagées entre les piliers qui soutenaient l'édifice, et qu'il
appelait, dit-on, par raillerie, les rues du Fouarre et du
Clos Bruneau, où habitaient les écoliers ; aussi ceux-ci
chantaient-ils avec leur insouciante gaieté ordinaire :

> « A Petit-Pont as ordené
> Faire un Chastelet fort et rude,
> Et aux Chartres tu as donné
> Les noms des rues de l'estude. »

On n'y logea pas toujours que des écoliers révoltés ;
il y eut aussi un autre genre de prisonniers ; c'est
ainsi qu'une ordonnance du 10 mars 1550 décide que
« les prisonniers détenus pour dettes au Grand-Châtelet
seront mis au Petit-Châtelet ». Celui-ci devint à cette
époque comme une succursale de celui-là, et on y enferma des assassins, des voleurs et des vagabonds.

Je ne veux pas abuser des descriptions de forteresses
aux sombres murailles et aux cachots profonds. Ce que
j'ai dit du Grand-Châtelet peut s'appliquer ici. Une ordonnance de Charles VI prétendait que les prisons du
Petit-Châtelet étaient *saines et suffisamment aérées*.
C'est égal, je n'ai pas confiance, je me méfie, et j'aurais
mieux aimé prendre l'air ailleurs que là. Je crois que

toutes ces prisons du vieux temps se ressemblaient : les unes ne valaient pas mieux que les autres.

Le Petit-Châtelet fut ensanglanté sous Charles VI. C'était dans ces sinistres années où la France, envahie par les Anglais, était déchirée de plus par les factions des Armagnacs et des Bourguignons. Le duc de Bourgogne, Jean sans Peur, entra à Paris le 18 mai 1418 et fit arrêter un grand nombre de partisans des Armagnacs vaincus. Le 12 juin suivant, toute une foule d'émeutiers, armés de maillets, de bâtons, de haches et d'épées, se jette sur les prisons et entre autres sur le Petit-Châtelet ; cette bande furieuse, comme bien plus tard la bande des massacreurs de septembre 1792, craignait la délivrance des prisonniers et avait un horrible besoin de tuerie sauvage. La porte de la citadelle forcée, les émeutiers procèdent à l'appel des détenus, les contraignent à sortir de leurs cellules et frappent les malheureux à coups d'épées et de haches, au moment où ils passent sous le guichet, en baissant la tête. C'est ainsi que périrent les évêques de Bayeux, de Senlis, d'Évreux et de Coutances.

A la fin du siècle suivant, le Petit-Châtelet fut aussi le théâtre du massacre du président Brisson. Les Seize, chefs de la Ligue, l'avaient nommé premier président. Mais Brisson fut bientôt suspecté d'être favorable à la cause de Henri IV, et, en novembre 1591, un jour qu'il passait sur le pont Saint-Michel, des ligueurs s'emparèrent brutalement de lui et l'entraînèrent au Petit-Châtelet. On le fit monter dans la chambre du Conseil, où l'attendaient un prêtre et un bourreau. L'infortuné se débattit, protesta de son innocence, demanda quel était son crime. Tout fut vain. On le pendit à une fenêtre. Quelques instants plus tard deux autres conseillers au Parlement subirent le même sort.

Au centre du Petit-Châtelet on avait ménagé une entrée, une voûte ogivale, étroite, par laquelle on pénétrait dans la Cité ou on en sortait. A ce passage, pendant longtemps, on perçut des sortes de droits d'octroi, des redevances qu'on levait sur les draps, les pelleteries, les toiles, la mercerie, le blé, le poisson, les denrées de toute nature. Il y avait même un droit sur les singes. Un marchand qui en entrait un pour le vendre, payait quatre deniers. Si le singe ne devait servir qu'à l'amusement de son maître il ne payait rien. Si l'animal appartenait à un jongleur et devait servir à amuser le public, on le faisait passer sans bourse délier, mais il dansait devant le péager ; d'où le dicton : « *Payer en monnaie de singe.* » Quant au jongleur, il chantait une chanson. Facile moyen d'acquitter des droits d'octroi, une chanson et une gambade : c'est une des rares choses que nous pouvons envier au *bon vieux temps*.

Sous cette vieille voûte passa plus d'une fois la châsse de sainte Geneviève, la patronne de Paris, que l'on portait solennellement, certains jours, de Notre-Dame, où elle était, jusqu'à l'abbaye Sainte-Geneviève, sur la montagne où s'élève le Panthéon aujourd'hui.

Le clergé de la cathédrale venait chaque année en procession au Petit-Châtelet. Les portes s'ouvraient devant lui, il entrait dans les prisons, et le prêtre qui officiait délivrait un prisonnier. On l'emmenait ensuite jusqu'à Notre-Dame, et là il recouvrait définitivement sa liberté. Vieille coutume arbitraire, mais humaine en somme, qui subsista de longues années.

En 1724, le Petit-Châtelet fut cédé à l'Hôtel-Dieu qui
voulait le démolir et sur une partie de son emplacement
créer des annexes sur la rive gauche de la Seine, le long
de la rue de la Bûcherie. Le projet fut abandonné, et la
forteresse subsista encore jusqu'en 1782. A cette époque
le Petit-Châtelet, qui était fort délabré, fut rasé. Les habitants d'alentour le virent disparaître sans regret. Ils purent alors boire un peu de chaud soleil et humer de l'air
moins chargé de miasmes pestilents.

CHAPITRE IV

LA TOUR DU TEMPLE

Lorsqu'on jette les yeux sur une gravure représentant le Temple vers le milieu du XVe siècle, on voit une sorte de petite ville avec des constructions d'aspect divers, une grande église, un charnier gothique, une geôle, des jardins avec des plate-bandes et des bouquets d'arbres, une haute tour carrée et massive à gauche, une autre à droite plus massive encore et plus haute, donjon puissant, avec quatre tourelles de coin, dominant tout de ses toits pointus où grincent des girouettes ; petite ville de 120 à 130 hectares de superficie à peu près, formant une sorte de quadrilatère irrégulier, entouré d'une ceinture de fortes murailles grisâtres, crénelées, flanquées de tours rondes, et percées d'une porte massive et fortifiée ; on entre par un pont-levis enjambant un fossé, qui court tout le long des murs. C'est là l'enclos du Temple, le vieux domaine féodal de ces moines-soldats, qu'on nommait les Templiers, enclos disparu complètement aujourd'hui et remplacé par des rues, un marché, un square et une mairie.

Les chevaliers du Temple avaient été constitués **en** ordre de chevalerie religieuse au concile de Troyes en 1128. Il y avait déjà dix ans que des Croisés français s'étaient réunis à Jérusalem, et avaient fondé une sorte d'association, de confrérie, destinée à défendre la Terre-Sainte et les pèlerins qui viendraient prier au tombeau du Christ. Le roi de Jérusalem, Beaudoin II, leur avait donné une maison située près de l'endroit où était autrefois le Temple de Salomon ; de là leur nom de Templiers. Bientôt leur nombre augmenta, et la milice sacrée se répandit de tous les côtés ; les Templiers eurent des maisons dans tous les pays. En France, Louis-le-Jeune leur donna des terrains incultes et de vastes marais, qui, à cette époque (XII° siècle), s'étendaient jusqu'à la naissance des hauteurs de Ménilmontant et de Charonne, en dehors de l'enceinte de Paris. Il est probable que dès ce temps les Templiers commencèrent à élever quelques constructions, qu'ils entourèrent de murailles. Ce fut comme une ville nouvelle ; on l'appela *Villa nova Templi*. La ville neuve du Temple resta en dehors des murs dont Philippe-Auguste entoura Paris (1190-1212), et les Templiers demeurèrent indépendants. D'ailleurs le roi était bien disposé pour eux, et il leur accorda d'importants privilèges, entre autres le droit de justice haute, basse et moyenne (c'est à dire le droit de juger tous les crimes et délits) sur toutes les terres soumises à leur juridiction. Ils étaient déjà fort riches. Outre leur enclos couvert de constructions, ils avaient, en dehors, des terrains immenses, désignés sous le nom de Marais, Courtilles et Cultures du Temple ; c'étaient des prés, des vignes, des champs fertiles, qui s'étendaient d'un côté jusqu'à l'église Saint-Gervais, de l'autre jusqu'aux pieds de la colline de Belleville.

Vers le milieu du XIII⁰ siècle, la maison du Temple avait atteint un haut degré de splendeur. L'enclos eut l'honneur, en 1254, de recevoir un hôte royal, Henri III d'Angleterre, qui revenait de son duché de Guyenne et passa par Paris, en regagnant son royaume.

Saint Louis voulait lui donner l'hospitalité en son Palais de la Cité, mais Henri III préféra le Temple, à cause du nombre de logements commodes, et de ces vastes salles richement décorées, où les Chevaliers avaient coutume de tenir leurs assemblées : il y passa huit jours avec toute sa suite.

Malheureusement pour lui-même l'Ordre du Temple était trop riche et trop puissant : il se crut tout permis, et prit vis-à-vis de la royauté une attitude insoumise et arrogante. Sous le règne de Philippe-le-Hardi le Grand-Prieuré commença à entrer en lutte avec le roi, à propos de la juridiction que les Templiers prétendaient avoir sur toutes les terres et maisons de leurs censives, même celles en dehors de l'enclos et situées dans les murs de Paris. Philippe-le-Hardi maintint contre eux les droits de la couronne. Par lettres patentes d'août 1269 il ne leur laissa sur les terres qu'ils avaient dans l'intérieur de la ville que la justice foncière ou censière ; quant aux terres qu'ils possédaient hors de l'enceinte de Paris, il leur conserva sur elles les droits de justice haute, basse et moyenne.

Philippe-le-Bel maintint aux Templiers les privilèges qui leur avaient été précédemment accordés. Ils ne s'en montrèrent point reconnaissants, regardant ces privi-

lèges comme choses dues et légitimes. En 1296 la ville
de Paris fit au roi un don de cent mille livres : elle demanda au Temple sa quote-part, et il refusa de donner
une obole. Faut-il voir dans ce refus sec et brutal la
cause de la haine de Philippe-le-Bel contre les Templiers ? Toujours est-il qu'à partir de ce jour il se promit
de les punir. Ils étaient des seigneurs féodaux trop riches, trop puissants, trop orgueilleux, trop provoquants;
il fallait les frapper. Ajoutez à cela que le roi savait fort
bien qu'ils avaient un trésor considérable enfoui dans les
souterrains de la grosse tour, trésor amassé depuis près
de deux cents années, augmenté encore par toutes les
richesses que le Grand-Maître de l'Ordre, Jacques Molay,
avait rapportées de Chypre et de Jérusalem. Il avait en
quelque sorte flairé tous ces trésors, lorsque les Templiers lui avaient offert une fastueuse hospitalité pendant
une insurrection du peuple de Paris : cette prodigieuse
fortune devait nécessairement tenter un monarque toujours pressé par les besoins d'argent, et dénué de tout
scrupule. Il ne fut pas difficile de trouver des ennemis
des Templiers qui les accusèrent d'idolâtrie, d'impiété,
de luxure, et les chargèrent de tous les péchés d'Israël.
On saisit avec empressement ces prétextes, et, en 1307,
Philippe-le-Bel ordonna l'arrestation de Jacques Molay
et de cent quarante Chevaliers. Je n'ai point à raconter
ici le long procès qu'on leur fit, ni les démêlés du roi avec
le pape. Michelet a écrit là-dessus des pages merveilleuses de couleur et d'un puissant intérêt dramatique.
Toujours est-il, qu'après plusieurs années d'emprisonnement, un certain nombre de Chevaliers furent brûlés
dans un lieu voisin de l'abbaye Saint-Antoine (12 mars

La Tour du Temple.

1314), et six jours après, Jacques Molay et les Comman-
deurs d'Aquitaine et de Normandie, dans une petite île
de la Seine, où est actuellement le terre-plein du Pont-
Neuf. Aussitôt après leur exécution le roi s'empara de
leur trésor, et le reste de leurs biens fut donné aux Hospitaliers de Saint-Jean de Jérusalem, qui étaient moins
puissants et ne portaient pas ombrage à la royauté. Les
Hospitaliers devinrent Chevaliers de Rhodes, puis de
Malte, mais, malgré tout, on continua à les dénommer
ordinairement Chevaliers du Temple.

Naturellement l'enclos du Temple changea quelque
peu d'aspect avec le temps. Les Hospitaliers firent abattre quelques bâtisses et les remplacèrent par d'autres;
puis sous Charles V le Temple fut enfermé dans la nouvelle enceinte de Paris. Les Chevaliers de Malte firent
rebâtir au XV° siècle un hôtel du Chapitre, plus restreint
et moins luxueux que celui qui existait, puis un palais du
Grand-Prieuré. Au commencement du XVII° siècle il ne
restait plus des constructions primitives que les tours, le
donjon, et la tour carrée dite de César, à gauche de l'enclos, la grande porte fortifiée, la vieille chapelle des premiers Templiers, l'hôpital, la grande église avec le
charnier. La vieille chapelle fut démolie en 1650, l'hôpital, composé de trois ou quatre maisons gothiques, disparut à la fin du XVIII° siècle, et la grosse tour en 1810.
Quant au Grand-Prieuré, construit au XV° siècle, il
tomba en ruines et fut réédifié en 1667.

J'ai un peu insisté sur l'histoire générale du Temple,
bien qu'elle ne rentre pas absolument dans mon sujet,
parce qu'elle me paraît curieuse et utile à connaître.

La grande tour du Temple avait l'aspect lugubre d'un

donjon féodal. Bâtie en grosses pierres noircies par le temps, avec des murailles épaisses de trois mètres, elle était élevée de plus de cinquante mètres, flanquée de quatre tourelles rondes surmontées de toitures coniques, et accompagnée, du côté nord, d'un massif de constructions, qui arrivait au tiers de sa hauteur et avait aussi deux petites tourelles d'encoignure, en cul-de-lampe et à toit pointu. Philippe-le-Bel eut l'idée d'en faire une prison d'État : on ne pouvait trouver mieux pour enfermer ces grands seigneurs féodaux qu'il détestait. Sous son fils, Louis-le-Hutin, Enguerrand de Marigny accusé d'avoir dilapidé le trésor, y fut détenu en 1315. Plus tard, en 1345, sous le règne de Philippe VI, Jean de Malestroit, maître des requêtes au Parlement de Bretatagne, y mourut prisonnier. Puis en 1371, ce fut Jean de Grailhy, et, en 1378, Pierre du Tertre, secrétaire de Charles-le-Mauvais, roi de Navarre. Ce fut le dernier prisonnier d'État incarcéré au Temple à cette époque. Plus de quatre cents ans après nous y trouverons Louis XVI et sa famille.

Ainsi la Tour du Temple ne servit de prison que d'une façon intermittente. Au XVI⁰ siècle on y emmagasina plus d'une fois des munitions de guerre qu'on fabriquait à l'Arsenal : les autres tours furent aussi employées au même usage.

A partir du XVII⁰ siècle le Temple a un aspect singulièrement paisible ; nous ne sommes plus dans la période militaire et féodale. C'est un vaste enclos, sorte de petite ville dans la grande ville, renfermant quelques milliers d'habitants qui sont venus chez les Chevaliers de Malte chercher une retraite tranquille : on y paie un loyer modique, on y jouit de certains avantages, on y vit heureux sous la juridiction débonnaire de l'Ordre. On n'y trouve plus ces juges féodaux durs et implacables jusqu'à la cruauté, qui enfermaient pour des peccadilles les malheureux justiciables dans les geôles et les cachots souterrains [1]. Non. On y rencontre un bailli de justice, un procureur fiscal et son substitut, un greffier et deux huissiers. Ce bailli exerce encore la justice haute, moyenne et basse, au nom du Grand-Prieur, dans l'intérieur de l'enclos, comme jadis ; mais les mœurs se sont adoucies, puis les crimes et les délits sont rares, et la paix n'est pas difficile à maintenir. Le Temple était même devenu un lieu privilégié, où les débiteurs qui ne payaient pas venaient chercher un asile. Les huissiers n'y pouvaient exercer leur ministère, et l'arrêt qui ordonnait la prise de corps n'y était jamais exécuté. Mercier, dans son *Tableau de Paris* — paru en 1788 — nous dit : « Le débiteur peut entretenir ses créanciers sur le seuil de la porte, les saluer, leur prendre la main. S'il faisait un pas de plus il serait pris : on fait tout pour l'attirer au dehors, mais il n'a garde de tomber dans le piège... Du fond de cette retraite il négocie. Si les créanciers sont intraitables, il reste dans l'asile que lui ont ménagé les religieux Templiers, qui ne s'en doutaient guère. »

De plus, dans l'enclos du Temple, toutes les professions étaient libres, de telle sorte que des négociants qui

---

1. Voir sur les prisons et les justices féoda'es et ecclésiastiques, les délits et crimes divers, soit religieux, soit de droit commun, qu'elles jugent et punissent, le chapitre sur l'Abbaye et le For-L'Evêque. Ce qui est dit là peut s'appliquer ici.

ne pouvaient exercer leur commerce dans Paris même venaient y ouvrir boutique. Le même Mercier nous conte ceci : « Un épicier ruiné ayant trouvé la recette d'une tisane purgative et réconfortante, la débite aujourd'hui dans le Temple avec un prodigieux succès. Elle fait beaucoup de bien, et le peuple, las du charlatanisme des médecins, des drogues empoisonnées des apothicaires, a trouvé dans cette tisane un remède vraiment salutaire. La colère des guérisseurs de profession contre l'épicier chez qui tout Paris accourt est une des choses qui m'ont le plus réjoui. » Il paraît que Mercier n'aimait ni les médecins, ni les apothicaires.

La Révolution porta le dernier coup à la féodalité : elle supprima les privilèges féodaux qui restaient encore debout, ainsi que les justices particulières, et l'Ordre de Malte disparut en 1790, le 19 juin.

*
* *

La Tour du Temple redevint prison d'État en 1792.

Le 13 août, à sept heures du soir, Louis XVI, Marie-Antoinette, Mme Elisabeth, le jeune Dauphin et Marie-Thérèse, sa sœur, arrivèrent au Temple, au milieu des huées de la populace, amenés dans une grande berline, et accompagnés par Petion, le maire de Paris ; d'autres voitures contenaient la suite royale, la princesse de Lamballe, la marquise de Tourzel, gouvernante des enfants de France, et sa fille, M. de Chamilly, premier valet de chambre du Roi, M. Hüe, huissier de la chambre, et quatre femmes de chambre. On entra dans la cour du Palais du Grand-Prieur ; le Roi et les siens mirent pied à terre, à la clarté douteuse des lampions allumés sur les murs d'enceinte et les créneaux des tours : des offi-ciers municipaux les entouraient. La famille royale monta dans l'hôtel du Grand-Prieur, où on lui servit à souper. Le souper fini, on la conduisit dans une des tou-relles adossées au grand donjon carré, au premier étage, dans un petit logement jadis occupé par le garde des archives de l'Ordre de Malte.

Cette petite tour avait trois étages : au premier on trou-vait une antichambre, une salle à manger et un cabinet, qui contenait une bibliothèque de douze à quinze cents volumes ; le second avait une antichambre, deux cham-bres à coucher, et une petite pièce, qui servait de garde-robe pour tout ce corps de bâtiment ; au troisième, même distribution. Le premier étage fut attribué à la Reine et à ses deux enfants ; le deuxième au roi et à sa sœur, Mme Elisabeth.

Peu de jours après leur arrivée, dans la nuit du 19 au 20 août, la princesse de Lamballe, Mme de Tourzel et sa fille, M. de Chamilly, et les quatre femmes de chambre, furent transportés à la prison de la Force. On ne laissa au service des cinq prisonniers qu'un seul domestique Fran-çois Hüe. Cléry, valet de chambre du Dauphin, demanda à servir ses anciens maîtres ; Petion l'y autorisa. Au com-mencement de septembre Hüe fut jeté en prison ; c'est alors qu'on adjoignit à Cléry, pour le service du Roi et de sa famille, le citoyen et la citoyenne Tison.

Le Conseil de la Commune était chargé de la garde des prisonniers. L'Assemblée législative les lui avait confiés expressément. C'était une grave responsabilité pour la Commune. Aussi Santerre, le général de la garde

nationale, fit-il surveiller les détenus de très près par
des municipaux, qui étaient toujours là, stationnant à
chaque étage, passant la nuit dans les antichambres
contiguës aux chambres du Roi et de la Reine, guettant
sans cesse.

Louis XVI se levait entre six et sept heures du matin,

Pétion (1753-1794).

se rasait, s'habillait, et passait dans une petite pièce,
voisine de sa chambre, dont il avait fait une sorte de cabinet ; c'est là qu'il récitait ses prières et lisait. Pendant
ce temps Hüe — Cléry ensuite — préparait le déjeuner
dans sa chambre : un officier municipal le surveillait.
Vers neuf heures la Reine montait avec ses enfants, et
on déjeunait. Ensuite on descendait dans la chambre de
la Reine, qui s'occupait de l'éducation de sa fille, tandis
que Louis XVI enseignait à son fils le latin, le français,

l'histoire et la géographie. Lorsque Santerre venait — et il venait tous lés jours — la famille royale descendait dans le jardin et s'y promenait, sous sa surveillance, pendant une heure à peu près. Vers deux heures on remontait chez le Roi pour le dîner; après quoi on redescendait chez la Reine. Louis XVI faisait en général une partie de tric-trac ou de piquet avec Mme Elisabeth, puis il dormait quelque temps dans son fauteuil. Vers sept heures toute la famille se plaçait autour d'une table et Marie-Antoinette ou bien sa belle-sœur faisait la lecture à haute voix. A huit heures on soupait, puis on couchait le Dauphin, et le Roi remontait chez lui, où il lisait jusqu'à minuit, tandis que la Reine s'entretenait avec Mme Elisabeth.

L'Assemblée législative avait alloué à la Commune une somme de cinq cent mille livres, pour la dépense des prisonniers pendant une période de deux mois. C'était un joli denier! Aussi on ne lésina pas: bien au contraire; il y eut même quelque peu de profusion dans les dépenses.

Un officier municipal nommé Verdier, un de ceux chargés par la Commune de surveiller la famille royale, a laissé un curieux manuscrit, retrouvé par M. Lucien Faucou, et sur lequel M. Gaston Maugras a écrit un très intéressant article dans la *Revue bleue*[1]. Verdier, qui paraît avoir eu un esprit juste et modéré, donne d'abondants détails, très authentiques, sur l'existence des prisonniers, détails qui complètent ceux déjà fournis par le *Journal* de Cléry et les *Mémoires* de Hüe.

Il en résulte tout d'abord que Louis XVI et les siens

1. *Voir le numéro du 30 avril 1892.*

Louis XVI (1754-1793).

n'eurent point à se plaindre du régime alimentaire. Un contrôleur de la bouche, Rassé, et un contrôleur du gobelet, Roth, tous deux fonctionnaires des Tuileries, reprirent leur service auprès des détenus, et dirigèrent leurs départements respectifs, avec l'autorisation de la Commune. Ces deux contrôleurs avaient sous leurs ordres : *un chef de cuisine, un rôtisseur, un pâtissier, un garçon de cuisine, un laveur, un tourne-broche, un chef d'office, un aide et un garçon, un garde de l'argenterie et trois garçons servants :* en tout, y compris les deux contrôleurs, quinze personnes, pour préparer et servir la nourriture des cinq membres de la famille royale ! C'était trop, beaucoup trop, aussi le 7 septembre les contrôleurs de la bouche et du gobelet furent-ils remerciés.

La table était abondamment pourvue. Jugez-en. Chaque matin pour le déjeuner on apportait : *sept tasses de café et six de chocolat, une cafetière de café chaud, une de café froid, une de lait chaud, une de lait froid, une d'eau d'orge et une de limonade :* puis, *trois pains de beurre, une assiette de fruits, six pains à café, trois pains de table, un sucrier de sucre en poudre, un de sucre cassé et une salière.* A dîner le chef de cuisine faisait servir : *trois potages, quatre entrées, deux rôtis, et quatre entremets.* Les jours maigres on servait : *des entrées maigres, des grasses, deux rôtis, et quatre entremets.* A ce menu copieux et alléchant ajoutez encore : *une assiette de fours, trois compotes, trois assiettes de fruits, trois pains de beurre, deux sucriers, une bouteille de vin de Champagne, un petit carafon de vin de Bordeaux, un de vin de Malvoisie, un de Madère, sept pains de table, un pot de crème, quatre tasses de café.*

Enfin au souper on présentait sur la table : *trois po-*
tages, deux entrées, deux rôtis, quatre ou cinq entre-
mets.

Certes ce n'étaient pas les somptueux repas des Tuileries ou de Versailles ; mais enfin il faut convenir que la
Commune faisait largement les choses. D'ailleurs elle
craignait beaucoup que son royal prisonnier ne tombât
malade par suite d'un trop brusque changement de régime. Mais l'estomac impérieux de Louis XVI ne souf-
frit pas : le Roi avait de quoi satisfaire amplement son
gros appétit de Bourbon. Quel que fût cet appétit, la des-
serte était fort abondante. On l'abandonnait à Hüe et à
Cléry — un peu plus tard à Tison et à sa femme — puis
elle allait ensuite à l'office, où les cuisiniers et les mar-
mitons faisaient ripaille.

Du 13 août au 7 septembre on dépensa sans compter ;
par exemple le boucher apportait journellement cent livres de viande ; outre cela on avait 56 livres de volailles,
20 livres de poissons, 40 livres de beurre, œufs, laita-
ges. En un mot, la dépense pour la nourriture s'élevait à
cinq cents francs par jour. C'est alors que la Commune
renvoya les contrôleurs et ordonna des économies. Au
mois d'octobre on ne dépensait plus que deux cent qua-
tre-vingt-dix francs par jour. Il est à croire que cette
somme s'abaissa encore graduellement.

Il n'y avait pas que les dépenses de nourriture. Le
Roi, la Reine, leurs enfants, Mme Elisabeth, étaient arrivés au Temple n'ayant que les vêtements qu'ils portaient
sur eux, lorsqu'ils avaient brusquement quitté les Tuileries, le 10 août, pendant l'émeute. Les scellés avaient
été apposés dans le Palais sur tous les meubles et ar-

moires. On ne pouvait rien y prendre. Il fallut naturellement acheter du linge et des vêtements, faire des
commandes de côté et d'autre. On dépensa encore de
fortes sommes. En effet, du 13 août au 30 octobre le
total s'élève à 29 505 livres, 14 sols, 1 denier, pour
achats de toile, d'habits, de bas, de mercerie, de soierie,
de souliers, de corsets, de parfumerie, et de livres de
piété. Il faut dire que les mémoires des fournisseurs
étaient la plupart du temps scandaleusement majorés.
C'est ainsi qu'un parfumeur portait ses pots de pommade
à six francs le pot, et que des bas de soie de la Reine
étaient marqués trente-trois francs, et ceux du Roi
vingt-quatre. Tout cela fut réduit.

Ajoutez à ces dépenses les appointements de tous ceux
qui servaient ou gardaient la famille royale. Si on n'eût
point pratiqué de sérieuses économies, le crédit voté par
l'Assemblée législative eût été vite épuisé !

Au point de vue matériel, Louis XVI et sa famille
n'avaient donc point à se plaindre, dans les premiers
temps surtout. Ce qui était le plus dur pour les prisonniers, c'était la disparition de l'étiquette de Cour, du respect du rang social, remplacés par les manières égali-
taires, et même le sans-gêne impoli de quelques-uns des
gardiens. Écoutez cette anecdocte contée par Verdier :
« La reine, au commencement de son séjour au Temple,
dit-il, s'amusait à jouer du piano-forte. Un jour, un officier municipal, de surveillance auprès d'elle, poussa
l'oubli des convenances jusqu'à désirer qu'elle exécutât
l'hymne des Marseillais. La Reine ne se le fit pas dire
deux fois, et, lorsqu'elle eut achevé, elle demanda à l'officier municipal s'il était satisfait. Celui-ci ne lui répon-

Attaque des Tuileries le 10 août.

dant que des choses insignifiantes, elle l'interrompit en lui disant avec douceur, et en se levant: *Au moins, monsieur, vous devez louer ma complaisance.* »

On a répété de côté et d'autre que les municipaux traitaient très durement la famille royale : il y a sans doute de l'exageration ; mais il est certain que parmi les gardiens il y en eut quelques-uns qui se montrèrent singulièrement grossiers, témoin ce Rocher, dont nous parle encore Verdier. « Le geôlier Rocher, écrit-il, qui gardait la première porte de la Tour, et qui croyait montrer son patriotisme par des discours grossiers et injurieux envers la famille royale, lorsqu'elle passait près de lui pour se rendre à la salle à manger, poussa un jour l'insolence jusqu'à envoyer de la fumée de sa pipe au nez du Roi. Le Roi s'en plaignit : on fit venir le portier au Conseil, et on lui enjoignit de cesser ces procédés, et même de fumer à sa porte sous peine d'être chassé ; et la famille n'a plus reçu d'outrages de cette sorte. »

La Commune d'ailleurs avait toujours donné des ordres précis. Ainsi il fut enjoint à Verdier au début de son service au Temple :

« De ne pas perdre un instant de vue les détenus qu'il avait à garder.

» D'avoir toujours le chapeau sur la tête.

» De s'asseoir quand il le jugerait à propos.

» De ne parler aux prisonniers que pour répondre à leurs demandes.

» De ne leur rien apprendre de ce qui se passait au dehors.

» De ne leur donner que les titres de Monsieur et de Madame.

» *De leur parler honnêtement et de ne rien leur dire
qui pût les offenser ou les inquiéter.* »

Quoi qu'il en soit, malgré cette dernière recommanda-
tion formelle, Louis XVI et les siens eurent à se plaindre
quelquefois des taquineries sournoises ou brutales, de
l'hostilité haineuse et jalouse de certains municipaux,
en assez petit nombre heureusement.

La Commune redoutait surtout que ses prisonniers
ne lui échappassent, et cela se comprend, car de nombreux partisans de la royauté méditaient la délivrance du
Roi et de sa famille, et étaient prêts à favoriser leur évasion par tous les moyens possibles. Aussi prenait-elle
toutes sortes de minutieuses précautions. Elle faisait
examiner les aliments des détenus, couper leur pain pour
voir s'il ne contenait pas de lettres ou d'armes. On leur
refusait tous les journaux ; ils n'apprenaient quelques-
uns des événements que par Hüe, lorsqu'il pouvait sai-
sir des bribes de conversations, en allant et venant dans
la Tour, ou entendre quelque crieur de nouvelles. Les
municipaux avaient ordre de fouiller le Roi tous les matins à son lever, pour voir s'il n'avait pas d'armes ou
quelque correspondance compromettante. Hüe, pour
épargner à son maître cette sorte d'affront, retourna
chaque soir les poches de son habit.

Une nuit, plusieurs municipaux entrèrent précipitamment chez Louis XVI, lui demandant ses armes.

— Je n'ai pas d'armes, répondit-il avec calme.

— Vous aviez une épée en arrivant au Temple.

Le Roi ne répliqua rien et ordonna simplement à
son valet de chambre de remettre cette épée à ses gardiens.

7

Et c'est ainsi que les prisonniers vivaient, dans une atmosphère lourde et déprimante de suspicion, sous une surveillance inquiète, tatillonne et constante, au milieu d'une méfiance guetteuse.

Le premier jour des massacres de septembre, la famille royale, qui, au moment où on en apprit la nouvelle, se promenait dans le jardin, fut contrainte de rentrer précipitamment dans la tour. Le nombre des sentinelles fut augmenté. La Commune, prise de peur, craignant qu'un mouvement populaire ne poussât les assassins jusqu'au Temple, où ils auraient pu égorger ses royaux prisonniers, redoubla de vigilance. Le Roi et les siens cherchaient la cause de toutes ses précautions. Hüe leur dit ce qu'il avait pu comprendre : on le sut; il fut tout de suite arrêté, et emmené dans je ne sais quelle prison. Il échappa fort heureusement aux assassinats, mais il ne revint jamais au Temple.

Le 3 septembre une foule démente avait tué la princesse de Lamballe à la Force; on avait coupé sa petite tête de jolie miniature, et on la promenait au bout d'une pique. sanglante, au milieu de hurlements fous. Une horde de sauvages se dirigea vers le Temple pour montrer son abominable trophée au Roi et à la Reine, peut-être aussi pour se jeter sur eux et les égorger. On parvint à écarter les massacreurs, et la famille royale ne vit rien. Mais un garde national dit brutalement à Louis XVI et à Marie-Antoinette :

— C'est la tête de la Lamballe qu'on vous apportait pour vous montrer comment le peuple se venge de ses ennemis.

La Reine s'évanouit, et Mme Élisabeth fondit en

larmes. Alors le Roi, se tournant vers le municipal, lui dit avec fermeté :

— Nous nous attendons à tout, monsieur, mais vous auriez pu vous dispenser d'apprendre ainsi à la Reine un pareil malheur.

Alors le garde, confus, s'en alla, sans mot dire.

La foule, qui suivait la tête de Mme de Lamballe, avait été fort habilement arrêtée par l'abbé d'Anjou et les municipaux de service. « Ils imaginèrent, nous dit Verdier, un trait que toute personne sans prévention admirera. La grande porte du Temple devait toujours être ouverte, parce que tout, disait-on, devait se faire sous les yeux du peuple souverain. Ils lui représentèrent qu'il devait obéir avec confiance aux magistrats qu'il s'était nommés : ils barrèrent l'ouverture de la porte avec un petit ruban tricolore ; cette singulière barrière ne fut point franchie et ne l'a point été depuis ; on ne la passait qu'avec la permission des sentinelles. »

Il est assez curieux de voir que, dans cette période d'anarchie, cette foule eût assez de respect de la loi pour ne point déchirer ce petit ruban tricolore et s'arrêter devant ce mince symbole. C'était chanceux ; la poussée d'une poignée de violents eût pu rompre cette barrière magique ! Heureusement il n'en fut rien. L'abbé d'Anjou et les officiers municipaux firent preuve de flair et d'adresse. Ils flattèrent ainsi le peuple en lui montrant la confiance qu'ils avaient dans sa sagesse et son amour de la légalité ; celui-ci, son orgueil caressé, voulut se montrer digne de cette confiance. C'est là, sans doute, la raison qui l'empêcha de pousser

plus loin. Il y en eut une autre aussi, je crois. Malgré
tout, la Royauté avait encore un certain prestige aux yeux
de la masse. Le Roi était vaincu, soit ; mais, pour elle, il
demeurait encore un personnage auguste, imposant, auquel on n'ose pas toucher ; un reste de sa grandeur et de
sa puissance passées la fascinait. Tout cela la retint. Quoi
qu'il en soit, je pense que la Commune avait agi pru-
demment en doublant les postes de sentinelles, car les
choses pouvaient fort bien tourner autrement, et il était
très possible qu'on eût besoin de recourir aux armes
pour repousser une attaque de vive force. La foule est
mobile, capricieuse, changeante ; il suffisait de quelques
cris haineux, de quelque manœuvre d'énergumènes,
pour rendre insuffisant ce ruban tricolore, chétif symbole de la Loi et de l'Autorité.

Cependant la Commune était toujours inquiète : elle
redoutait l'enlèvement des prisonniers, car elle savait
que des royalistes dévoués et prêts à tout, se tenaient
dans les environs du Temple. C'est alors qu'elle résolut
de transporter la famille royale dans le donjon ou la
grosse Tour. Elle y faisait exécuter des travaux depuis
longtemps, mais, comme tous les aménagements nouveaux n'étaient pas terminés, on emmena Louis XVI,
son fils et Cléry seulement, le 23 septembre. Naturellement la séparation fut douloureuse. La Reine, toute
secouée par la nouvelle, jeta des cris, versa des larmes.
Alors, l'un des municipaux, Simon, ce Simon qui fut
plus tard le gardien du jeune Dauphin, lui dit brutalement : « Ah ! vous pleurez, madame ; vous ne pleuriez
pas le 10 août, lorsque vous passiez la revue pour faire
assassiner le peuple. » Marie-Antoinette ne répondit

rien, et l'arrêté de la Commune fut exécuté sans plus de résistance.

Le premier étage de la grosse Tour contenait le corps de garde avec des lits de camp et des râteliers pour placer les fusils. Le second était divisé en quatre chambres, séparées par des cloisons en planches, couvertes de papier peint, avec de faux plafonds en toile. Chaque chambre avait une fenêtre grillée, masquée par un abat-jour. Dans les tourelles fixées à la Tour se trouvaient l'oratoire, le bûcher et la garde-robe. Le troisième étage avait la même distribution.

Ce fut au second étage qu'on logea Louis XVI, son fils et Cléry. La principale chambre était occupée par le Roi et le Dauphin, la seconde par Cléry ; la troisième était la salle à manger, qui était séparée de la quatrième par une cloison vitrée ; cette quatrième pièce formait une antichambre, occupée par les gardes municipaux.

La Reine, Mme Élisabeth et la jeune Marie-Thérèse continuèrent provisoirement d'habiter la petite Tour ; elles ne vinrent dans la tour carrée que le 26 octobre, lorsque leur logement fut prêt au troisième étage.

La Commune, devenant de plus en plus rigoureuse, avait pris un arrêté aux termes duquel les membres de la famille royale devaient vivre absolument séparés les uns des autres. Mais cet arrêté ne fut jamais appliqué dans toute sa sévérité, et le Roi put voir la Reine, sa fille et sa sœur, aux heures des repas et à la promenade. D'ailleurs leur genre de vie était le même que lorsqu'ils habitaient la petite Tour, et ils partageaient toujours leur temps entre la lecture, le travail et l'éducation des enfants.

C'est à cette époque qu'ils eurent parmi leurs gardiens le fameux cordonnier Simon, dont j'ai dit un mot tout à l'heure. C'était une lourde bête. Plein de civisme il s'enivrait avec orgueil des *droits de l'homme*, de la liberté et de l'égalité. Un jour, par exemple, il entra chez la Reine tout en sueur.

— Vous avez bien chaud, monsieur Simon, lui dit-elle. Voudriez-vous boire un verre de vin ?

Et Simon, se carrant dans sa fierté de citoyen, avec une infatuation ridicule :

— Madame, je ne bois pas comme ça avec tout le monde !

Plût à Dieu que Simon n'eût jamais été que grotesque comme il le fut dans ce moment-là !

*
* *

Le 21 septembre la Royauté avait été abolie par la Convention et la République proclamée. On notifia au Roi sa déchéance le 7 octobre seulement. Ce fut Manuel, membre de la Convention et procureur de la Commune, qui se chargea de cette notification. Il était venu au Temple s'informer des prisonniers et de leur régime. Il trouva les dépenses de bouche excessives, voulut renvoyer tous les cuisiniers et les remplacer par une cuisinière, qui ferait le pot-au-feu et une bonne cuisine bourgeoise. Il disait que, quand on était enfermé, il fallait avoir une nourriture plus simple ; il en savait quelque chose, puisqu'il avait été détenu à la Bastille, où il s'était trouvé très bien d'une grande sobriété. Verdier lui résista, lui objectant que Louis XVI et les siens pourraient tomber malades à la suite d'un radical changement de régime, et qu'on accuserait la Commune de les avoir empoisonnés. L'argument frappa le conventionnel ; il n'insista pas. Après cette petite discussion, Manuel voulut voir le Roi et lui annoncer la proclamation de la République. Il monta dans la Tour accompagné d'une douzaine de municipaux. Je laisse ici la parole à Verdier.

« Le roi était assis dans un fauteuil en face de l'escalier, écrit-il, et nous demeurâmes debout en face de Manuel et à côté du roi. Manuel porta la parole le premier :

» — Bonjour, monsieur.

» — Ah ! bonjour, monsieur Manuel, comment vous portez-vous ?

» — Je me porte assez bien ; et vous ?

» — Et moi aussi.

» — Êtes-vous content de ces citoyens ?

» — Je n'ai pas à m'en plaindre.

» — Vous donne-t-on tout ce que vous demandez ?

» — Tout, excepté la lumière ; je ne sais pas pourquoi l'on nous en prive par ces abat-jour.

» — C'est l'effet des circonstances. Savez-vous ce qui se passe ?

» — Moi, non ; je suis ici comme aux Chartreux.

» — Comment, on ne vous donne pas les journaux ?

» — Non, on m'en a donné un ´ et voilà tout (en montrant un municipal).

» Ce municipal, lui dit :

» — Je vous l'ai donné, monsieur, parce que vous me l'avez demandé.

» Le roi lui répliqua avec un ton d'humeur que je ne
lui ai vu que dans ce moment :

» — Moi, vous le demander, c'est au-dessous de
moi !

» — Eh bien, reprit Manuel, vous n'êtes plus roi,
nous nous sommes mis en république.

» — Je savais bien que c'était votre dessein.

» — Non, cela s'est fait comme par un mouvement
spontané et universel, le 22 septembre.

» — Et moi, je savais que cela avait été décidé longtemps auparavant.

» — Eh non ! vous dis-je, Guélamin en fit la motion
et aussitôt tous les députés répondirent par acclamations.

» — Et moi je vous dis que je savais que cela serait

» Je me mêlai alors de la conversation en disant :

» — Monsieur veut peut-être parler de ce qui a été
arrêté au Conseil des sections le 7 juillet.

» — Oui, c'est cela, répondit le roi brusquement.

» Manuel reprit :

» — Je vais vous apprendre des nouvelles : M. de
Montesquiou a pris la Savoie et la ville de Nice en
peu de temps ; il va vite en besogne.

» — Oui, mais il n'a pas pris Montméliant.

» Alors le roi s'entretint avec Manuel sur cette forteresse et autres lieux, de manière à faire connaître
qu'il savait bien la géographie et les fortifications.

» Manuel finit par dire au roi :

» — Puisque vous n'êtes plus roi, ces décorations
que vous portez vous deviennent inutiles et sont ridi-
cules.

» Ils se saluèrent, nous nous retirâmes, et Manuel s'en alla. »

Peu à près le départ du Procureur de la Commune, Louis XVI ordonna à Cléry d'enlever à ses habits les décorations des différents ordres qui s'y trouvaient.

Et les jours continuèrent à s'égrener pour les prisonniers dans la tristesse, les inquiétudes, les angoisses, traversées par de courtes lueurs d'espérance, de plus en plus rares.

Le 11 décembre, le maire de Paris, Chambon, vint, accompagné du Procureur général de la Commune, annoncer au Roi qu'il allait être traduit à la barre de la Convention. La translation de Louis XVI eut lieu avec solennité. Il monta en voiture avec le Maire et le Procureur, et quitta le Temple, escorté par une troupe nombreuse de gardes nationaux, au milieu d'une foule dense et silencieuse. Le cortège suivit la rue du Temple, les boulevards, la rue neuve des Capucines la place Vendôme, et arriva aux Tuileries, où siégeait la Convention.

Après sa comparution le Roi fut ramené au Temple, dans la soirée. Il demanda à voir sa famille ; on lui refusa, et il apprit qu'il serait mis au secret pendant la durée de son procès. Il réclama ; alors la Convention décida qu'il pourrait voir ses enfants, mais que désormais ceux-ci vivraient séparés de leur mère et de leur tante. Louis XVI ne voulut point causer ce chagrin à la Reine et à Mme Élisabeth. Il resta seul, et communiqua simplement avec ses défenseurs Tronchet et de Malesherbes qui, depuis le 17 décembre jusqu'au 6, vinrent chaque jour librement conférer avec lui.

Cependant il put avoir, de temps à autre, des nouvelles de sa famille et lui donner des siennes ; Mme Élisabeth faisait quelquefois descendre du troisième étage une ficelle avec une lettre au bout, et la ficelle remontait portant quelques lignes griffonnées à la hâte.

Le procès du Roi était engagé devant la Convention ; les débats durèrent pendant plus de vingt séances. Louis XVI était tenu au courant par ses deux défenseurs et son avocat de Sèze, qui essayaient de le tranquilliser. Mais il se savait singulièrement menacé et avait fait son testament. Le décret de la Convention du 15 janvier 1793 le déclara coupable de conspiration contre la liberté de la nation et d'attentat à la sûreté générale de l'État ; il apprit cette nouvelle avec une calme résignation, et fit dire à l'abbé de Firmont par M. de Malesherbes, *de se tenir prêt, car le jour était proche*

Quelques jours après, l'infortuné roi sut par Malesherbes et Tronchet qu'il avait été condamné à mort.

— Je m'y attendais et j'y était préparé, répondit-il simplement.

A partir de ce moment l'entrée du Temple fut interdite à ses défenseurs, et Louis XVI resta seul dans sa prison.

Le dimanche 20 janvier, il relisait l'histoire du procès de Charles 1er d'Angleterre ; tout à coup la porte s'ouvrit et le Conseil exécutif, précédé par Santerre, entra dans sa chambre et lui donna lecture de l'arrêt de la Convention qui devait être exécuté le lendemain. Il écouta avec sang-froid, et n'eut point un tressaillement sur son visage. La lecture finie, il demanda à voir sa famille et son confesseur.

Exécution de Louis XVI le 21 janvier 1793.

A huit heures du soir, la Reine, ses deux enfants, et Mme Élisabeth descendirent au premier étage ; tous quatre se précipitèrent en pleurant dans les bras du Roi ; il était profondément ému, mais contenait ses larmes ; il fit asseoir sa famille auprès de lui, raconta son procès, sa condamnation, et recommanda de pardonner sa mort, dont il ne voulait point qu'on cherchât à tirer vengeance. Cette scène douloureuse, traversée par des crises de larmes et de désespoir, dura près de deux heures. Lorsque la Reine, ses enfants et Mme Élisabeth, furent remontés, Louis XVI vit son confesseur, puis il soupa tranquillement, et dormit d'un sommeil paisible jusqu'à cinq heures du matin. Il se leva, s'habilla, entendit la messe et communia ; maintenant il était prêt à mourir. Comme la matinée était grise et froide, il se réchauffa auprès d'un petit poêle ; puis Santerre arriva avec les municipaux ; l'heure du départ avait sonné. Le Roi n'avait pas voulu revoir sa famille ; il pria Cléry de lui transmettre ses adieux, et ne put dissimuler quelques larmes, qui lui montèrent aux yeux ; il se jeta aux pieds de l'abbé de Firmont, lui demanda une dernière bénédiction, puis il se releva et dit d'un ton ferme à Santerre : « Partons. »

Avant de quitter le Temple, Louis XVI se retourna deux fois vers la Tour, où les siens restaient prisonniers, il leur envoya mentalement un dernier adieu ; et il marcha à la mort avec un courage et une sérénité qui ne faiblirent pas un instant.

Infortuné monarque ! Bon, bien intentionné, de cœur sensible, doué de vertus privées, mais de volonté faible, d'intelligence médiocre et sans portée, imbu de préjugés

étroits, il ne comprit pas le mouvement des esprits en 89,
les temps nouveaux qui s'ouvraient, il ne vit pas que la
monarchie absolue était finie, et qu'il était aussi dangereux qu'inutile de lutter contre un peuple réclamant une
émancipation légitime et des libertés nécessaires. Il ac-
ceptait certaines réformes, puis, tiraillé d'un autre côté
par les gens de Cour, il changeait d'avis et tournait casa-
que à la Révolution. En somme il avait manqué de fran-
chise, de décision, d'énergie, de vues nettes. Il paya de
sa vie ses fautes propres, celles de son entourage, les
crimes des émigrés conspirant contre la Patrie, et aussi
le monstrueux égoïsme de Louis XV, qui avait fait tant
de mal à la France et excité tant de colères. Puis, à la fin
de 1792, la Révolution, menacée de toutes parts, commençait à perdre tout sang-froid. Les passions soulevées
emportèrent le Roi. Elles devaient en emporter bien
d'autres !

Marie-Antoinette avait espéré revoir son mari le matin du 21 janvier. Elle s'était tenue toute la nuit éveillée,
en larmes et en prières. Lorsqu'elle entendit les détona-
tions d'armes à feu, puis les clameurs des crieurs de
feuilles publiques, qui allaient partout annonçant la *Mort
du Tyran*, elle demanda des habits de deuil qui lui furent
accordés.

*
* *

La vie des quatre prisonniers qui restaient au Temple
continua monotone, inquiète, pleine d'angoisses et d'ef-
frayante tristesse.

Le 9 juillet 1793 on sépara le Dauphin de sa famille

par ordre de la Commune. Cruauté bien inutile! C'est
alors que le pauvre enfant fut confié à la garde de Simon,
le cordonnier, qu'on nomma son *précepteur*, par une
odieuse ironie sans doute. On le mit dans l'appartement
qu'avait occupé son père. Simon lui fit aussitôt quitter le
deuil du Roi, le revêtit d'une carmagnole en drap roux
et le coiffa d'un bonnet rouge, afin qu'il eût plus l'air
d'un citoyen. Le petit Dauphin demandait sans cesse sa
mère, mais, sans pitié pour ses larmes et ses cris, on ne
la lui fit jamais voir, d'ailleurs la Reine quitta le Temple le 2 août, et fut emmenée à la Conciergerie.

On a conté partout les tortures que Simon et sa femme
firent subir à l'enfant royal, qui n'était cependant pas
coupable des fautes ou des crimes de ses parents. On a
dit et répété qu'ils l'injuriaient, le frappaient, lui apprenaient des chansons obscènes, des grossièretés, cherchaient à lui corrompre le cœur et l'esprit, à lui inspirer
les sentiments les plus vils, à lui donner l'habitude de
l'ivrognerie, à le dégrader et l'abrutir. Il y a peut-être
dans ces propos de l'exagération se mêlant à une part de
vérité. Les historiens royalistes ont voulu, je crois, dramatiser les choses. Certes je plains le jeune Dauphin de
toute mon âme, et je n'entreprends pas la réhabilitation
du cordonnier Simon! C'était une brute, comme je l'ai
dit plus haut. Cependant, d'après Verdier, il n'était pas
incapable d'humanité ni même de générosité. Je crois
aisément qu'il ne se gênait pas pour injurier et frapper le
Dauphin, pour lâcher devant lui des grossièretés ou chanter des chansons obscènes. Chercha-t-il, systématique-
ment et par idée préconçue, à lui donner l'habitude de
l'ivresse, à le dégrader et à l'abrutir? Je ne m'en porte

pas garant. Quoi qu'il en soit, ce fut une lâcheté de la
Commune, une vengeance basse et misérable, de confier
cet enfant à un gardien aussi grossier et aussi brutal.
Les violents se réjouissaient sans doute de ces mauvais
traitements, et les modérés les ignoraient ou n'osaient
rien dire !

Simon et sa femme quittèrent le Temple en janvier 1794.
On mit alors le Dauphin dans l'ancienne chambre de
Cléry, dont on fit une sorte de cachot; on scella la porte
d'entrée, qui fut coupée à hauteur d'appui et garnie de
barreaux de fer, au milieu desquels s'ouvrait un guichet.
Le fils de Louis XVI ne fut plus gardé par personne; il
fut purement et simplement séquestré. Il avait pour lit
une méchante paillasse et un matelas; il restait sans lumière et sans feu pendant la saison froide, et n'avait pour
nourriture qu'une soupe, un peu de viande, du pain et de
l'eau. Traitement barbare, abominablement inique qui ne
se justifiait par rien !

C'est dans ce cachot que le pauvret passa six mois entiers, depuis le 20 janvier jusqu'au 27 juillet 1794, sans
compagnon, dans une solitude absolue. Les royalistes
s'agitaient toujours, et le jeune Louis XVII avait des
amis dévoués. La Commune espérait sans doute qu'il ne
résisterait pas longtemps à un pareil régime, et que sa
mort découragerait ses partisans.

Le 9 mai Mme Élisabeth sortit du Temple et fut guillo-
tinée. Seule la fille de Louis XVI, Mme Royale, restait
prisonnière, séparée de son frère, ne le voyant jamais.

Après le 9 thermidor et la chute de Robespierre, on
nomma comme gardien des enfants de l'ex-roi un certain Laurent, qui voulut remplir son devoir avec huma-

nité. Aussitôt installé il se rendit au cachot de l'enfant, et, à la lueur d'une chandelle, il l'aperçut enveloppé de haillons, étendu sur sa paillasse sordide, les traits tirés, la face hâve, les yeux fixes. Laurent fut touché de pitié ; il fit immédiatement un rapport, et on retira le Dauphin du bouge, où il était séquestré depuis six mois ; on le transporta dans la chambre voisine, qui avait été celle de son père, et c'est là qu'il vécut désormais. Laurent le soigna avec dévouement, essaya de le faire revenir à la santé, de combattre l'anémie, la terrible consomption, qui le rongeaient ; mais rien n'y fit ; il mourait chaque jour un peu, et sa triste agonie se prolongea jusqu'au 8 juin 1795, où il s'éteignit pendant la nuit. Le lendemain il fut enterré au cimetière Sainte-Marguerite.

Certains historiens ont prétendu que le fils de Louis XVI n'était pas mort au Temple, et qu'après le 9 thermidor on lui avait substitué un pauvre enfant épuisé et rachitique, qui s'était éteint là et avait été mis en terre sous le nom de Louis Capet. Quant au jeune Louis XVII, sa fuite aurait été favorisée par le Directoire. Depuis, un assez grand nombre de personnes ont tenté de se faire passer pour lui. En février 1874, Jules Favre [1] a soutenu devant la Cour de Paris, avec une éloquence chaleureuse et convaincue, les prétentions des héritiers de Naündorff, qui n'aurait été autre que Louis XVII. Le plaidoyer, très documenté, est fort curieux à lire. Il est fait pour jeter le trouble dans les esprits et créer le doute et l'hésitation. Est-ce du roman ? Est-ce de l'histoire ? Je ne me charge point de le décider.

[1].Le plaidoyer de Jules Favre a été édité à Paris en 1874 par M. Le Cheva-lier, 61, rue Richelieu.

Mme Royale demeura la seule prisonnière du Temple. Elle vivait recluse, sans nouvelles, ignorant la mort de sa mère, de sa tante et de son frère, ayant toutefois le triste pressentiment qu'elle ne les reverrait jamais. Elle ne se plaignait pas, supportait son emprisonnement avec courage, vivait silencieuse et résignée, passant son temps à lire, à prier et à penser. Lorsque Laurent arriva à la tour du Temple son sort fut quelque peu amélioré. On lui donna des vêtements dont elle avait un impérieux besoin : l'infortunée princesse n'avait plus ni bas ni souliers, et elle était réduite à cacher ses pieds nus avec le pan de sa vieille robe.

Cependant une réaction se faisait en sa faveur, et il y avait dans le public un grand courant de pitié pour cette infortunée jeune fille de dix-sept ans ; les esprits s'étaient calmés et les haines se dissipaient.

L'Autriche offrait une rançon de deux millions. La République proposa un échange de prisonniers ; elle voulait qu'on lui rendît les républicains notables, les ambassadeurs français, les représentants du peuple, sur lesquels l'Autriche avait mis la main. Les négociations durèrent plusieurs mois, pendant lesquels la captivité de Mme Royale fut de plus en plus adoucie ; alors elle était presque libre dans l'enceinte du Temple, elle recevait des visites, se promenait dans le jardin, comme il lui plaisait.

Cela dura jusqu'en décembre 1795. Le 18, le ministre de l'intérieur, Benezech, vint au Temple. La princesse devait partir immédiatement pour Bâle, accompagnée de son gardien, Gomin. Le ministre, Mme Royale et Gomin sortirent en silence de l'Enclos, qui semblait désert, car on n'était point prévenu du départ de la fille de Louis XVI, et personne ne se trouvait sur son passage. Au moment où elle allait franchir la porte du Temple elle jeta un dernier regard sur la Tour où elle avait été plus de trois ans captive, et ne put retenir ses larmes. Benezech lui adressa quelques paroles de consolation et de

Moreau (1763-1813).

respectueuse sympathie. « Je suis touchée de vos égards, lui répondit la princesse, mais au moment où je vais recouvrer ma liberté, comment ne pas penser à ceux qui étaient entrés avec moi dans cette prison et qui en sont sortis avant moi, hélas ! »

Le ministre conduisit dans sa voiture Mme Royale et Gomin jusqu'à la rue de Bondy, où stationnait une berline de voyage, dans laquelle elle devait aller à Bâle. C'est dans cette ville que l'échange des prisonniers convenu entre la France et l'Autriche devait avoir lieu.

Il est certain qu'à partir de décembre 1792 la captivité
de la famille royale avait été rigoureuse, de plus en plus
dure. Depuis la mort de Louis XVI la Convention et la
Commune s'étaient montrées cruelles même envers leurs

Pichegru (1761-1804).

prisonniers. Tout cela est profondément triste. Il faut
dire à la décharge des gouvernants d'alors qu'ils étaient
environnés d'ennemis, menacés par les émigrés et les
armées étrangères au dehors, par l'insurrection de Ven-
dée au dedans ; c'est au milieu de tous ces périls qu'ils
perdirent toute modération, toute équité, et se laissèrent
emporter dans un tourbillon de violences.

Après le départ de Mme Royale on continua à mettre au

Temple des prisonniers d'État. Ainsi l'amiral anglais Sidney Smith, pris le 20 avril 1796, y fut enfermé, et y resta jusqu'au 10 mai 1798, jour où il s'évada. Après le coup d'État du 18 fructidor, les membres royalistes du Conseil des Cinq Cents et du Conseil des Anciens, arrêtés par l'ordre des Directeurs Barras, Rewbel et Larevellière-Lépeaux, passèrent quelque temps à la Tour du Temple avant d'être transportés à Cayenne. Pichegru, qui était du complot et avait été arrêté, s'échappa plus tard de Cayenne, revint en France, fut de nouveau arrêté en 1804, réintégré au Temple, où il s'étrangla une nuit avec sa cravate. Il avait, avec Georges Cadoudal, entrepris d'assassiner le premier Consul. Les généraux La jollais et Moreau, les frères Polignac, le marquis de Rivière, qui faisaient partie du complot, furent également détenus au Temple. Ils y furent bien traités ; ils occupaient les deux étages de la grosse tour, là où Louis XVI et sa famille avaient vécu ; on leur laissait la faculté de communiquer ensemble et de se promener dans les jardins, où ils ‚avaient établi un jeu de paume. Leur captivité fut douce et ne ressembla point à celle de la famille royale.

Napoléon projetait depuis longtemps de démolir cette Tour du Temple, qui lui rappelait l'emprisonnement d'un roi. Souvenir désagréable ! Il décida enfin que les prisonniers d'État, qui s'y trouvaient encore au nombre de dix-sept, seraient transférés au donjon de Vincennes et que la Tour serait rasée. La démolition dura deux ans, et ce puissant donjon, qui avait été bâti en 1222, disparut en 1810.

Le palais du Grand-Prieur subsistait encore ; il fut restauré pour recevoir le ministère des cultes. Le reste de l'ancien enclos avait été morcelé, vendu comme propriété nationale ; les murs d'enceinte avaient été abattus ; des rues avaient été percées, des maisons construites, une halle au vieux linge installée, en 1811.

Après la Restauration, Mme Royale, devenue la duchesse d'Angoulême, fit entourer d'une barrière l'emplacement de la Tour, où elle avait été prisonnière avec sa famille, et y planta des cyprès et des saules.

Sous Louis XVIII, l'Hôtel du Grand-Prieur avait cessé d'être affecté au ministère des cultes, et une congrégation religieuse des Bénédictines de l'Adoration perpétuelle du Saint-Sacrement s'y était installée ; elle y demeura jusqu'en 1848. A cette époque, le gouvernement de février rendit à l'État ces vastes bâtiments, qui furent démolis en 1854. Sous le second Empire tout ce qui restait de l'ancien Temple disparut et fut remplacé par le marché et le square où un des saules, plantés jadis par Mme Royale, penche encore sa vieille tête mélancolique

CHAPITRE V

LA TOUR DU LOUVRE

Ce fut Philippe-Auguste qui bâtit le Louvre, sur l'emplacement qu'avait jadis occupé une sorte de château avec enceinte fortifiée (*Lower* en saxon), construit par les rois francs. Vous savez que Philippe-Auguste entoura Paris d'une ceinture de murailles, flanquées de tours. La ville n'allait pas alors au-delà de Saint-Germain l'Auxerrois, et la place où se trouve le Louvre actuel était en dehors de l'enceinte. Le roi savait bien que là était le point vulnérable de Paris ; la Seine pouvait amener aisément sous les murs une armée d'assaillants ; jadis les Normands étaient arrivés par ce chemin, en remontant le cours du fleuve. Une muraille ne suffisait donc pas pour protéger la ville ; il fallait, sur la Seine, une forteresse importante. Guillaume le Conquérant, après la prise de Londres, avait construit sur la Tamise une tour puissante ; Philippe-Auguste l'imita et bâtit un solide donjon, qu'on appela d'abord la *Nouvelle Tour*, puis, par la suite, *la Tour du Louvre*.

Écoutez la description qu'en donne Sauval dans ses
Antiquités de Paris :

« Premièrement elle était ronde et, semblable à celle
de la Conciergerie du Palais, sortait du centre de la
cour du Louvre ; par le bas portait 13 pieds d'épaisseur
(ce qui fait à peu près 4 mètres), 12 ensuite sur 24 toises
de circonférence (à peu près 48 mètres) et 16 toises
de hauteur (près de 32 mètres), depuis le rez-de-
chaussée jusque sous la couverture. Chaque étage
recevait le jour de huit croisées, chaque croisée avait
quatre pieds de haut et trois de large ; d'ailleurs fermée
d'un treillis de fer et d'un châssis de fil d'archal, contenant 182 trous... Un fossé d'une largeur et d'une
profondeur considérables environnait le pied de cette
tour ; elle tenait néanmoins à la Cour du Louvre par
un pont de pierre d'une seule arche et un pont-levis, et
au château par une galerie de pierre qui aboutissait au
grand escalier du corps de logis de derrière... On montait dans la tour par une grande vis ronde de pierre,
fermée par bas d'une porte de fer épaisse et garnie de
quantité de ferrures et de verrouils. »

C'était donc un puissant donjon, qui se dressait
majestueux et lugubre au milieu des constructions solides, des murailles crénelées, percées de meurtrières, et
des tours aux toits pointus d'ardoises, qui furent le
vieux Louvre. Ce vieux Louvre était un manoir féodal
qui n'avait ni la forme, ni le vaste développement de
celui d'à présent. Figurez-vous un rectangle, dont les
deux côtés les plus larges étaient tournés l'un vers
Saint-Germain l'Auxerrois, l'autre vers les Tuileries ;
le tout, entouré de fossés, où venait l'eau de la Seine

Le Louvre sous Charles V.

qui battait le pied des murs sombres, occupait une partie de l'emplacement de la cour actuelle. On peut se rendre compte de la forme primitive de ce château fort, en regardant le tracé de marbre et de grès, qui tranche sur la couleur de l'asphalte, et reproduit ses lignes générales. Rien ne subsiste aujourd'hui de cette noire forteresse, si ce n'est un bout de muraille de la salle des Cariatides, et un petit escalier à vis, qui devait être dans une tour d'angle.

Plusieurs raisons avaient poussé Philippe-Auguste à élever le Louvre. Il voulait à la fois défendre Paris et le dominer ; du haut de la grosse Tour il pouvait plonger dans la ville et, si elle remuait, la tenir dans sa main. Puis, cette énorme masse de pierres était, dans sa pensée, destinée à servir de prison d'État, et il projetait d'y enfermer les grands seigneurs, ses vassaux, félons et rebelles. Comme ils venaient au Louvre rendre au roi l'hommage féodal, ils pouvaient voir de près cette terrible tour avec ses prisons menaçantes ; elle devait les engager à la fidélité. Enfin, Philippe-Auguste la destina aussi à renfermer son trésor, et pendant trois cents ans les rois de France ont mis leur épargne à l'abri dans ces fortes murailles.

Le Louvre, achevé en 1202, fut construit aux frais du roi, tandis que le mur d'enceinte de Paris fut bâti à ceux de la ville. Mais le terrain, sur lequel s'élevait le château fort, n'appartenait pas à Philippe-Auguste. C'était le prieuré de Saint-Denis de la Châtre qui était propriétaire d'une partie, et l'évêque de Paris d'une autre partie. Le roi fit aux moines une rente de trente sous à prendre sur la prévôté de Paris, et ils lui cédèrent leurs droits. Quant à l'évêque, il abandonna les onze deniers que rapportait son droit de censive, en échange de onze deniers de cens, que le roi lui accorda sur une maison bâtie près des Halles.

Une fois finie, la Tour du Louvre devint bientôt une

Philippe-Auguste amena Ferrant chargé de chaînes, et l'enferma au Louvre.

prison d'État, où on enferma des grands seigneurs, comme plus tard la Bastille. Ce fut Ferrant, comte de Flandre, qui y fut détenu le premier, et l'inaugura, pour ainsi parler. Ce Ferrant, vassal rebelle, avait conclu une alliance avec l'empereur d'Allemagne et Jean d'Angleterre ; il ne s'agissait rien moins que du partage de la France. Philippe-Auguste, après l'avoir vaincu à Bouvines, l'amena à Paris, chargé de chaînes, et l'enferma au Louvre. Le peuple, qui aime toujours à rire, se moqua sans pitié de ce comte gros, gras,

fleuri comme un moine, tout piteux de sa déconvenue
Des chansons circulèrent.

> Ferrant portent dui auferrant
> Qui tous deux sont de poil ferrant.
> Aussi s'en va, lié en fer,
> Li quens Ferrant en son enfer.
> Li auferrant de fer ferré
> Emportent Ferrant enferré.
> Lors fut Ferrant, tout enferré,
> Dans la tour du Louvre enserré.

Ce qui veut dire :

« Deux chevaux couleur gris de fer, qui tous deux
sont de poils gris-fer, portent Ferrant. Ainsi s'en va,
lié de fers, le seigneur Ferrant en son enfer. Les chevaux, ferrés de fer, emportent Ferrant enferré. Alors
Ferrant, couvert de fers, fut serré dans la Tour du
Louvre. »

Ce n'est pas bien spirituel, mais le peuple s'amuse
de peu, un refrain de chanson lui suffit.

La comtesse Jeanne, femme de Ferrant, vint se jeter
aux pieds du roi, et accepta ses conditions pour la délivrance de son mari. Mais, la réflexion venue, elle
trouva la rançon trop forte et ne la paya pas. Le comte
resta alors dans la Tour jusqu'à la fin du règne de
Philippe-Auguste et pendant les quatre années de celui
de Louis VIII. Il ne fut délivré que sous la régence de
Blanche de Castille, moyennant une grosse somme.
Le vassal félon, traître à son roi, traître à la France,
était resté douze ans prisonnier.

Saint Louis tint souvent les audiences royales au
Louvre, qui prit plus d'importance, et il rendit nombre
de graves sentences dans la grande salle. Sous son

règne Enguerrand de Coucy fut enfermé dans la Tour.
Ce seigneur altier, qui avait pris pour devise : *Roi ne
suis, ne prince, ne duc, ne comte aussi : je suis le sire
de Coucy*, avait fait bâtir un château fort, avec un
donjon plus haut et plus puissant encore que celui du
Louvre, comme pour narguer le pouvoir royal. Il avait
naturellement le droit de haute justice et il en abusait,
pour bien montrer qu'il n'avait pas de droits inférieurs
à ceux du roi. C'est ainsi qu'il fit pendre trois gentilshommes coupables d'avoir tué des lapins sur ses
terres. Saint Louis l'appela à Paris. Enguerrand, pour
le braver, arriva avec une grande escorte ; elle ne lui
servit à rien, car, malgré elle, il fut appréhendé au
corps et mené au Louvre dans une chambre, *sans fer* :
je souligne pour marquer la modération du roi. On
instruisit sa cause, et il s'en fallut de peu qu'il ne fût
condamné à mort. Sur les instances des seigneurs
qui faisaient partie du tribunal l'ambitieux et sanguinaire sire de Coucy ne fut condamné qu'à une amende
de douze mille livres parisis.

Il fallait toujours que les prisonniers fussent d'importance pour entrer dans les geôles du Louvre ; on n'y
plaçait pas le fretin.

En 1294, un autre comte de Flandre fut prisonnier à
la Tour : c'était Guy de Dampierre, soupçonné d'avoir fait
un projet d'alliance avec Édouard d'Angleterre ; sa fille
eût épousé le fils du monarque anglais. Mandé à Paris,
on lui demanda de se justifier, il ne le put et fut gardé
avec sa fille et ses fils ; c'était plus prudent. Six mois après
on lui rendit sa liberté, mais il laissa sa fille en otage.
Plus tard, en 1300, il fut repris et ramené au Louvre.

Deux ans après, Guy de Namur, son fils, vainqueur à Courtray, lui .fit rendre la liberté. Guy de Namur, vaincu à son tour à Mons-en-Puelle par le roi en personne, fut fait prisonnier, et entra à la Tour dont il avait fait sortir son père ; il y resta jusqu'à la paix.

Enguerrand de Marigny, qui avait été le premier ministre et le favori de Philippe-le-Bel, fut accusé par les nobles auprès de Louis-le-Hutin, qui montait sur le trône. Le pauvre roi écouta trop facilement les accusations passionnées dirigées contre Enguerrand par des seigneurs féodaux, qui voulaient se venger contre lui de l'état de soumission et de dépendance dans lequel Philippe-le-Bel les avait tenus. L'ancien tout-puissant ministre fut enfermé au Louvre. Mais on ne l'y laissa pas longtemps ; il en avait été capitaine et on craignait que son évasion fût favorisée par ses anciennes créatures. Il fut transféré au Temple, puis au donjon de Vincennes, et de là partit pour Montfaucon, où il fut pendu.

En 1323, Louis, comte de Flandre — décidément la Tour semblait vouée aux comtes de Flandre — fut amené au Louvre. Il voulait contraindre les Flamands à lui faire hommage, contrairement au traité signé avec Philippe-le-Bel en 1310. Charles-le-Bel alors le fit comparaître devant lui et, pour le punir, l'enferma. Après être resté assez longtemps prisonnier, il fut enfin délivré sur les instances de sa femme, qui était la fille du feu roi Philippe-le-Long.

Sous le Valois Philippe VI, je trouve détenu à la Tour, le Breton Jean de Montfort, qui avait fait hommage au roi d'Angleterre. Certains historiens prétendent que l'infortuné Jean resta fort longtemps en prison

Étienne Marcel (13..?-1358)
D'après la statue de MM. Marqueste et Idrac, à l'hôtel de ville de Paris.

et même y mourut; d'autres nous content qu'il put s'enfuir, déguisé en marchand.

En 1350, le fils du roi, Jean, duc de Normandie, qui devint plus tard Jean-le-Bon, fit emprisonner à la Tour le comte de Guines, qu'il soupçonnait d'une entente avec les Anglais. Le malheureux comte n'y resta pas longtemps, car le lendemain même on lui « osta la tête », suivant la jolie expression de Froissart.

Charles-le-Mauvais, roi de Navarre, manqua subir un pareil sort. Accusé d'avoir fait assassiner le connétable français Charles d'Espagne, il fut saisi, amené au Louvre, et pendant plusieurs jours la hache demeura suspendue sur sa tête. Comme il était gendre du roi, on lui fit grâce de la vie, et même on le mit en liberté. C'était une imprudence. Peu de temps après en effet il conspirait encore avec ces damnés Anglais, qui envahissaient la France. On le reprit alors et il fut réintégré à la Tour.

Pendant la captivité du roi Jean, après la bataille de Poitiers, le Louvre tomba entre les mains d'Étienne Marcel, qui y mit garnison et y emprisonna un certain nombre d'Anglais, deux cents, dit-on. Pour empêcher le Dauphin Charles d'y rentrer, le fameux Prévôt des marchands résolut d'enfermer ce château dans la ville, dont il était maître ; pour cela il prolongea l'enceinte jusqu'à l'endroit où est actuellement la grille des Tuile ries, sur la place du Carrousel. Le Louvre ainsi faisait partie de Paris. Après l'assassinat d'Étienne Marcel, lorsque le Dauphin revint dans la ville, il ne changea rien à ce qu'avait fait le prévôt. Mais, comme il lui importait d'avoir une forteresse indépendante, il en fit construire une, plus terrible encore, qui fut la Bastille.

Le Dauphin Charles, une fois roi sous le nom de Charles V, entreprit de transformer le Louvre de Philippe-Auguste. C'était un manoir féodal sombre, une forteresse-prison ; le monarque, qui selon le mot de Christine de Pisan était un *sage artiste et architecteur*, voulut en faire un véritable palais. Il en commença la reconstruction en 1364. Charles V avait établi de vastes plans ; mais on ne put les exécuter complètement, on eût été entraîné à des bouleversements trop radicaux, qui auraient obéré les finances. Il fallut se borner. Comme on ne pouvait guère, à cause des murailles et des fossés, étendre les limites du château, on entreprit d'élever les constructions et d'y ajouter de nouveaux étages. On ne toucha point à la grosse Tour. La surélever encore eût été maladroit, elle ne prenait déjà que trop de place et ne jetait que trop d'ombre dans la cour et sur les bâtiments avoisinants. Sauval nous conte qu'elle « gâtait la cour et obscurcissait tous les appartements, où l'on ne pouvait jouir que d'un faux-jour et louche ». La dite cour, surtout depuis la construction de nouveaux étages, aurait été pareille alors au fond d'un puits profond ; on n'y aurait pas vu clair à midi. On rattacha simplement cette Tour au corps de logis du nord, et on plaça sur le pignon du pont-levis la statue de Charles V tenant un sceptre, sculptée par Jean de Saint-Romain. Le roi n'y mit point de prisonniers, mais il y plaça ses joyaux, dans une salle voûtée, éclairée constamment par trente petits chandeliers et une lampe d'argent suspendue à la voûte.

Les appartements royaux avaient été restaurés. On

aménagea de vastes salles, aux murs peints à la colle, en bleu, en jaune, en vermillon, en blanc, ou tapissées de cuir doré, avec des lambris de bois sculpté ; le pavé était en terre émaillée ; on y voyait de hautes cheminées à baldaquins ; dans quelques chambres il y avait sur les murailles des oiseaux et des animaux peints. Dans une salle spacieuse, de seize mètres de longueur, avec des paysages peints sur les parois, on donnait de grands festins ; des pages à cheval y apportaient les plats. La salle de Saint-Louis avait plus de vingt mètres de long, et était haute en proportion ; c'était là que le roi accordait audience aux ambassadeurs et recevait l'hommage féodal des seigneurs, ses vassaux.

Entre les bâtiments on trouvait des jardins, une lice pour les joutes, un endroit pour les jeux qu'on jouait à cette époque : le mail, la paume, les poulies ; puis une ménagerie, où étaient les lions du roi, dont les mugissements rauques venaient souvent se mêler aux roucoulements des pigeons, qui perchaient dans leurs colombiers, sur les toits d'ardoises. Ajoutez à cela que Charles V, qui aimait lire, avait réuni neuf cents manuscrits, poèmes, romans de chevalerie, traités d'astrologie, livres pieux, et avait placé cette riche collection dans une des tours, qui prit le nom de *tour de la librairie ;* tout cela, hélas, fut dispersé pendant le triste règne de Charles VI ; il n'en resta qu'un petit nombre de volumes, qui furent l'embryon de la Bibliothèque du roi. De plus, on fit de côté et d'autre une douzaine de chapelles, dont la plus grande, consacrée à la Sainte Vierge, était ornée de statues à l'intérieur et à l'extérieur.

Charles V habita un certain temps ce Louvre devenu palais, puis il le quitta pour l'hôtel Saint-Paul qu'il avait fait bâtir dans le faubourg Saint-Antoine, et qui était gai, vaste et aéré, tandis que le manoir de Philippe-Auguste, même embelli et restauré, restait triste et insalubre. Les successeurs de Charles V n'y demeurèrent pas. Ils n'y venaient que pour faire acte de rois, en des circonstances solennelles, lorsqu'ils recevaient les hauts barons, les ambassadeurs, les princes étrangers. La vieille forteresse fut surtout, à cette époque, la demeure des fils de France. Sous Charles VI, les princes les y gardaient comme gages, de gré ou de force ; d'ailleurs ils y menèrent joyeuse vie, dans une trop heureuse insouciance.

Les prisons de la grosse tour servaient encore de temps en temps. Ainsi, en 1391, Charles VI y fit enfermer Hugues de Saluces. Pendant la terrible lutte des Armagnacs et des Bourguignons, lorsque le duc de Bourgogne fut maître de Paris, il mit à la Tour, à la fois, trois des principaux conseillers du roi, Mercier, La Rivière, et Le Bègues de Vilaines. Ils y restèrent peu de temps et furent transférés à la Bastille.

Sous Jean-sans-Peur encore, des Essarts, qui avait été Prévôt de Paris et était passé aux Armagnacs, fut pris par les gens de l'écorcheur Caboche, enfermé au Louvre et décapité. Après lui, on vit arriver dans la grosse tour de puissants seigneurs, le chancelier du Dauphin, son oncle le duc Louis de Bavière, frère de la reine Isabeau, des dames, des demoiselles de la Cour ; on arrêta aussi d'autres personnages qu'on jugea de trop mince importance et que pour cela on jeta, en passant, dans la Seine, afin que la geôle du Louvre ne fût pas encombrée. Peu après, les prisonniers furent délivrés par les bourgeois, poussés à la révolte par le Dauphin et son oncle, le duc de Berry.

Sous Charles VII, le Louvre fut délaissé et se délabra singulièrement. Louis XI, qui avait un grand besoin de prisons, y enferma Robert d'Estouteville, qui, sous le règne de son père, avait été Prévôt de Paris, puis Antoine de Chabannes, comte de Dammartin, et enfin le duc d'Alençon, accusé de haute trahison. Le 16 juin 1474 il fut amené de Corbeil, en barque, vers dix heures du soir, et incarcéré à la Tour. Trente jours après il en sortit pour comparaître devant le Parlement, qui le condamna à mort. Le roi eut la cruauté de le laisser encore dix-huit mois prisonnier, dans de mortelles angoisses, entre la vie et la mort, redoutant chaque jour son exécution trop lente à venir. Enfin, le 28 décembre de l'année suivante, 1475, il fut délivré. Louis XI jugeait qu'il était assez puni et lui rendait sa liberté.

Le duc d'Alençon fut le dernier prisonnier de la Tour du Louvre. Charles VIII, Louis XII, ne s'occupent point de la vieille forteresse féodale, qui souffre des injures du temps et se lésarde par endroits. Ce fut François Iᵉʳ qui commença à la transformer complètement. Il résolut de substituer à cet ancien manoir gothique un palais Renaissance dans le goût italien. Il commença par démolir plusieurs tours, entre autres le donjon (1527), et, sur les plans de l'architecte Pierre Lescot, il éleva l'aile occidentale du nouveau Louvre et le corps de logis qui touche au quai. Le vieux Louvre s'en alla ainsi par morceaux. Henri II et ses fils continuèrent l'œuvre de François Ier. Henri IV, Louis XIII, Louis XIV, Louis XV, apportèrent chacun une pierre à l'édifice nouveau, qui ne fut complètement terminé que plus de trois cents après les premiers travaux, sous le règne de Napoléon III.

La Tour du Louvre, construite par Philippe-Auguste, cette tour puissante où on enfouissait des prisonniers de marque et où on cachait le trésor royal, avait donc disparu en 1527. Il fallut cinq mois pleins pour la démolir, et cela coûta 25 000 livres. Sauval nous dit que « le lieu où elle avait été bâtie, a toujours été un peu plus creux et enfoncé que le reste de la cour », et que « cet endroit-là était toujours si bas, qu'il servait d'égout aux eaux du château, qui venaient s'y rendre, de sorte qu'il y avait toujours là comme une mare, qui ne tarissait pas ».

Le peuple naïf et amoureux des légendes mystérieuses croyait que dans les fondements de la Tour étaient de profonds abîmes, où les rois faisaient silencieusement disparaître ceux qu'ils ne voulaient pas frapper au grand jour, de peur de séditions. Ce trou qu'on comblait si difficilement, ces terres qui se tassaient et s'enfonçaient toujours, frappaient l'imagination des gens crédules et leur faisaient croire à des tours souterraines et à des cachots sinistres, qu'on ne pourrait jamais remplir ! Le bon peuple regretta cette vieille tour, où les rois enfermaient les grands seigneurs, ses ennemis jurés, ces barons féodaux qui le malmenaient si durement. Mais il fut vite consolé, car il eut la Bastille !

CHAPITRE VI

LA BASTILLE

Lorsque, le 27 septembre 1780, Linguet fut enfermé à la Bastille, il se prit à réfléchir dans sa morne cellule. Tout d'un coup un homme entre.

— Qui êtes-vous? lui demande le prisonnier.

— Je suis le barbier de la Bastille, répond l'homme.

— Parbleu, vous auriez bien dû la raser, riposte l'avocat-journaliste.

Hélas! il fallut attendre encore près de dix ans avant que la vieille forteresse tombât, pièces par pièces, sous la pioche des démolisseurs ; il fallut attendre que le 14 juillet 1789, le peuple de Paris, dans un élan de colère vengeresse, emportât d'assaut le sombre château qui symbolisait à ses yeux le despotisme et le régime du bon plaisir. Ce jour-là la Bastille, où la Raison d'État avait enfoui tant de malheureux, fut prise, bien prise, et quelques mois plus tard disparut pour toujours, après quatre cent vingt années d'existence.

C'était en effet sous Charles V, le 22 avril 1369, que

Hugues Aubriot, le Prévôt des marchands, en avait posé la première pierre. Pauvre Hugues Aubriot! Il ne se doutait guère que plus tard il serait enfermé entre ces hautes murailles qu'il édifiait, pour avoir commis l'abominable crime d'aimer une juive!

Étienne Marcel, quelques années auparavant, avait entouré de murs le Paris restreint d'alors. Mais cela ne suffisait pas. Les Anglais d'un côté, les bandes de pillards armés de l'autre, menaçaient la ville à tout instant. Le sage Charles V, ce roi finaud et prudent, ébauche de Louis XI, la cruauté en moins, se fiait plus aux remparts solides qu'à l'héroïsme des chevaliers. Il habitait, près de la porte Saint-Antoine, le fastueux Hôtel Saint-Paul, qui fut le palais des rois d'alors. Il voulut mettre la royauté à l'abri d'un hardi coup de main, et c'est alors qu'il fit construire par Aubriot une forteresse composée de deux grosses tours rondes destinées à défendre la porte Saint-Antoine. Plus tard on éleva deux autres tours, puis deux autres encore sous Charles VI, puis deux autres sous Henri II.

Cela fit huit grosses tours rondes d'inégale hauteur, réunies par de grands murs sombres, hauts de vingt-quatre mètres, épais de trois. Autour, un large fossé profond de huit mètres. Au milieu, la porte, tournée du côté de la rue Saint-Antoine, dont le fronton était couronné des statues de Charles VI, d'Isabeau et de Saint-Antoine. C'était en somme une forteresse ressemblant à beaucoup de châteaux féodaux, sinistre, noirâtre comme eux, sorte de monstre aux larges flancs, qui me rappelle le château d'Angers. Telle était la Bastille Saint-Antoine.

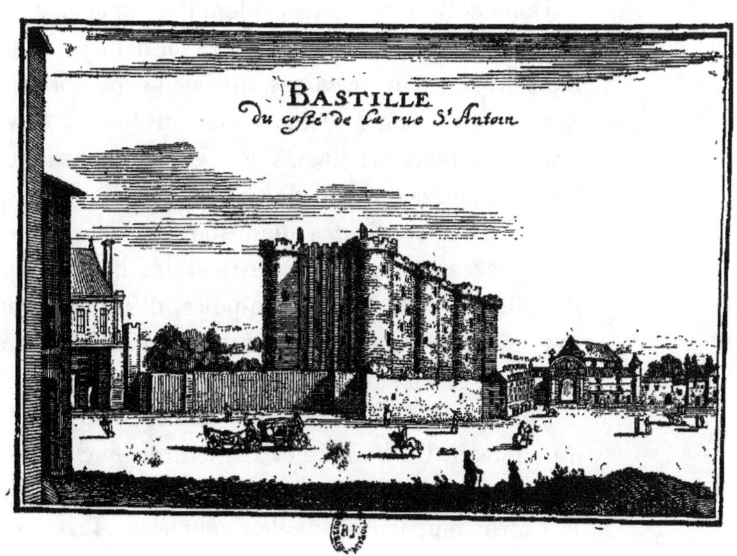
BASTILLE
du cofté de la rue S.t Antoin

Entrons-y. On franchissait un premier pont-levis baissé pendant le jour, et on trouvait au bout un corps de garde ; un second pont-levis conduisait à la grande porte du château. On rencontrait alors une cour, où était l'hôtel du gouverneur, avec un fossé devant. On franchissait enfin un troisième pont-levis et on pénétrait dans la cour des prisons, sur laquelle les tours avaient leur entrée.

Dans cette cour se trouvaient deux maisons : l'une où étaient logés les officiers, l'autre où demeurait le lieutenant du roi. Un certain nombre de chambres au premier étage de cette seconde maison étaient réservées à des prisonniers privilégiés, jouissant d'une assez grande liberté relative. Au rez-de-chaussée, les cuisines, les offices, le réfectoire des domestiques. Sombre et triste cour, resserrée entre les tours et les hautes murailles, pareille au fond d'un large puits, d'où l'on apercevait, tout en haut, tout en haut, un coin de ciel gris ou une flaque de soleil sur le sommet des murs !

Sur la maison du lieutenant du roi on voyait l'horloge du château. Un homme et une femme, enchaînés par les mains, les pieds, le milieu du corps et le cou, portaient le cadran sur leurs épaules courbées. Triste symbole, attestant chaque jour aux prisonniers qu'ils étaient plongés dans un lieu de servitude !

Pénétrons dans les tours. Elles avaient de larges murs, fort épais dans le bas, s'amincissant peu à peu à mesure qu'on s'élevait. On y avait aménagé pour les prisonniers des chambres octogones. Chacune de ces chambres était éclairée par un soupirail pratiqué dans le mur traversé par trois grilles de fer, l'une en dedans, l'autre

au milieu de la muraille, la troisième en dehors. « Les
barreaux sont croisés, nous conte Linguet dans ses *Mémoires* ; ils ont un pouce carré d'épaisseur ; et, par un
raffinement qui prouve la supériorité du génie des inventeurs, la partie solide de chacune de ces étranges
mailles répond juste au vide d'une autre, ce qui laisse à
peine à la vue un passage de deux pouces, quoique les

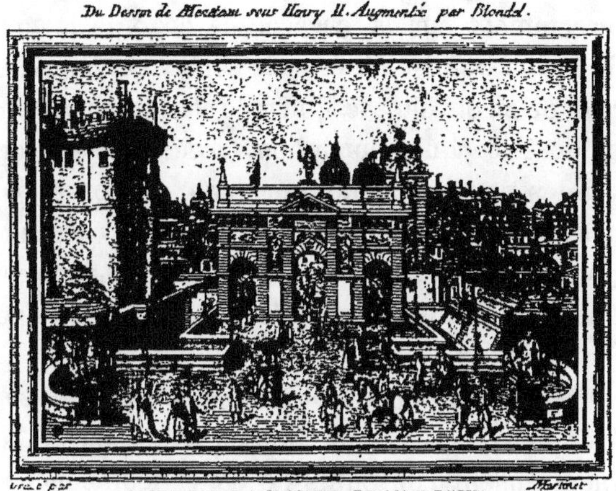

VUE DE LA PORTE St ANTOINE
en entrant par le Faubourg

mailles en aient à peu près quatre de large. Autrefois
chacun de ces caveaux avait trois ou quatre ouvertures
toutes petites, il est vrai, toutes décorées des mêmes
réseaux, mais enfin cette multiplicité de lucarnes aidait
à la circulation de l'air ; elle prévenait l'humidité et l'infection ; un gouverneur plein d'humanité les a fait boucher,
il n'en reste qu'une. »

En somme toutes ces mailles, étroitement serrées,
laissaient à peine pénétrer un peu de lumière vague,
diffuse, « une lumière qui ne sert qu'à faire mieux dis-

tinguer l'obscurité » selon le mot de Linguet. « En
hiver, ajoute-t-il, ces caves funestes sont des glacières,
parce qu'elles sont assez élevées pour que le froid y pénètre ; en été ce sont des poêles humides, où l'on
étouffe parce que les murs en sont trop épais pour que
la chaleur puisse les sécher. Il y en a une partie, et la
mienne était de ce nombre (vous vous rappelez que Linguet fut longtemps prisonnier à la Bastille), qui donnent
directement sur le fossé où se dégorge le grand égout
de la rue Saint-Antoine ; de sorte que, quand on le net-
toie, ou en été dans les jours de chaleur un peu continuée,
ou après chaque inondation, accident assez commun au
printemps et en automne dans ces fossés creusés au
dessous du niveau de la rivière, il s'en exhale une infection pestilentielle. Une fois engouffrée dans ces boulins
que l'on appelle des *chambres*, elle ne se dissipe que très
lentement. »

On respirait donc fort mal dans ces loges sombres et,
lorsque la température était élevée et lourde, les prisonniers étaient contraints de coller leur bouche contre le
grillage pour humer un peu d'air.

En face des fenêtres était une petite pièce, les *privés,*
puis sur le côté une cheminée, grillée à l'intérieur, pour
que les prisonniers ne pussent grimper aux étages supérieurs.

Lorsque le prisonnier avait pénétré dans sa cellule le
porte-clefs fermait sur lui deux portes massives et garnies de fer. Le malheureux entendait le grincement des
gonds, le cliquetis des ferrailles, le bruit sec des verrous
poussés, puis c'était tout, et il était désormais livré à
lui-même dans sa solitude stupéfiante !

Tout en haut des tours se trouvaient les *calottes*.
C'étaient de petites pièces octogones au plafond voûté,
ogival, de telle sorte qu'on ne pouvait se tenir debout
qu'au milieu de la chambre. On y logeait les prisonniers
insoumis. En hiver ils y grelottaient sous la bise glacée,

Sous Louis XI, des prisonniers d'État furent enfermés dans des cages.

qui, à cette hauteur, pénétrait en sifflant avec une violence rageuse ; en été, ils cuisaient à l'étouffée, sous le
brûlant soleil.

A l'autre extrémité des tours, tout en bas, à cinq et
six mètres sous terre, étaient les *cachots,* étroits, obscurs, suintants, avec des fraîcheurs de cave et des
puanteurs d'égout. Des soupiraux, qui prenaient jour
sur les fossés, y laissaient filtrer un tout petit rayon de
lumière, juste assez pour qu'on vit une grosse chaîne

rivée dans le sol, à laquelle on attachait les prisonniers rebelles. De temps en temps la Seine débordait, et, par les
soupiraux et les fissures, pénétrait une eau vaseuse qui se
déposait en flaques. Est-il vrai que, lors de la démolition
de la Bastille en 1790, on trouva dans ces cachots quatre
squelettes enchaînés? Est-il vrai qu'on ait ainsi oublié
des vivants dans ces horribles tombeaux, et qu'ils y
soient morts de faim, dans l'angoisse du désespoir, im-
puissants à réveiller leurs bourreaux? Je ne sais.
Certains historiens éprouvent quelquefois le besoin de
dramatiser les choses pour frapper vivement les imagi-
nations. Mais, en admettant même que le fait fût inexact,
la Bastille avait caché assez d'infamies et de crimes
pour justifier la colère, trop tardive, hélas, du Paris
de 89.

* *

Les prisonniers n'étaient pas tous traités de la même
façon. Le régime fut plus ou moins sévère suivant les
temps, suivant les gouverneurs, et suivant les détenus.
Pour les uns il fut odieusement cruel, pour les autres
très doux. Sous Louis XI, par exemple, des prisonniers
d'État furent enfermés dans d'abominables cages, où
ils pouvaient à peine remuer. Plus tard, dans le cours
du XVIIIᵉ siècle, certains prisonniers jouirent à la
Bastille d'une grande liberté relative ; ils recevaient des
visites, se voyaient entre eux, dînaient avec les officiers,
se promenaient dans les cours et les jardins, y jouaient
aux quilles et au tonneau, et ne logeaient pas dans les
tours, mais dans des chambres aménagées pour eux

dans la maison du lieutenant du roi. On traitait ainsi les prisonniers qui n'étaient pas dangereux, par exemple les libellistes qui avaient composé des petits vers méchants où ils égratignaient un homme en place, les fils de familles enfermés pour quelque peccadille, les femmes incarcérées sur la plainte de leur mari pour quelque faute qui n'avait rien à voir avec la politique, en un mot tous les gens que les ministres ou les puissants du jour ne redoutaient pas.

Mais les révoltés contre le pouvoir royal, tous les hommes capables d'agir énergiquement, de remuer des idées nouvelles, les agités et les agitateurs de toute espèce, étaient traités avec rigueur. « Si ce n'est en enfer peut-être, s'écrie Linguet, il n'y a pas de supplices qui approchent de ceux de la Bastille.... Le régime y est aussi honteux que cruel. » Et ses *Mémoires* sont un violent réquisitoire contre la vieille forteresse haïe. Mercier, qui lui n'y fut jamais emprisonné et en parle par conséquent sans la passion qu'y mettait Linguet, nous dit que « sous d'Argenson on traitait avec une rigueur inouïe et une violence tyrannique les prisonniers déjà trop punis par la perte de leur liberté ». Bien d'autres historiens ou chroniqueurs ont élevé la voix contre la Bastille ; beaucoup de prisonniers aussi sont venus apporter leur écrasant témoignage.

Et il y a bien des cruautés, des crimes même, qui n'ont jamais été connus. On ne sait pas tout ce qui s'est passé entre ces tristes murailles, dans ces tours de pierres massives, dans ces cachots souterrains pareils à des gouffres. Il y a eu probablement là des désespoirs, des épouvantes, des angoisses, des agonies

lentes, qu'on n'a pas connus au dehors, qui sont restés
enfouis à jamais. Songez que la Bastille était une prison d'État, qu'on vous y envoyait par une simple lettre
de cachet, que les rois despotes n'aimaient pas donner
les raisons de leurs actes, divulguer les secrets politiques, et qu'ils préféraient souvent frapper silencieusement : les idées de droit, de justice, de respect de la
liberté humaine, n'avaient guère cours avant la seconde
moitié du XVIII° siècle. Puis pensez encore que le régime auquel étaient soumis les prisonniers dépendait
du caractère, du tempérament, de l'humeur des différents gouverneurs de la forteresse. Tant pis si l'on tom-
bait sur un gouverneur capricieux, insensible, violent,
injuste, se plaisant aux souffrances des détenus. Tant
mieux si l'on avait pour maître un homme doux,
équitable, ferme sans violence ni cruauté.

Notez cependant que, quoi qu'en dise le fougueux
Linguet, sous Louis XV et sous Louis XVI, quelques
années avant la Révolution, le régime de la Bastille
était, d'une façon générale, bien moins implacable qu'un
siècle ou deux auparavant. Les mœurs s'adoucissaient.

C'était en vertu d'une lettre de cachet, semblable à
l'ukase des czars, qu'on procédait à votre arrestation.
L'agent arrêtait l'infortuné qu'on allait jeter à la Bastille, au nom du roi, en le touchant d'une baguette blanche. Comme on voulait éviter le bruit, le scandale, on
mettait le prisonnier dans une voiture ; lorsque l'Exempt
n'en avait pas retenu une à l'avance, il s'emparait *au
nom du roi* du premier véhicule qui passait ; les chevaux allaient au pas, et les archers formaient cortège à

la voiture : les passants regardaient et savaient à quoi
s'en tenir.

Dès qu'il entrait à la Bastille le prisonnier était
fouillé ; quatre hommes, préposés à cette besogne, lui
enlevaient son argent, de peur qu'il ne servît à corrompre quelque porte-clefs, ses bijoux, pour la même
raison; ses papiers, ses ciseaux, couteaux, instruments
divers, de peur qu'il ne se coupât la gorge, ou n'assas-
sinât ses geôliers. Après quoi, on l'entraînait dans la
loge qui lui était destinée.

Une fois écroué dans sa prison le détenu était quelquefois interrogé; on faisait une sorte de petite instruction de son affaire; mais, le plus souvent, il n'était
point du tout questionné; on l'enfermait sans lui dire
pourquoi, et il demandait vainement des juges. Il arrivait plus d'une fois que le prisonnier n'avait commis
aucun acte répréhensible, mais il aurait pu en commettre; c'était un homme dangereux, il valait mieux
s'assurer de sa personne, et le placer sous les verrous,
préventivement et par prudence. C'était le comble de
l'arbitraire !

Linguet proteste véhémentement contre le secret auquel il est tenu. On étouffe ses réclamations, on le laisse
sans livres, sans papiers; il ne peut communiquer avec
personne, il « ignore ce qui se passe au dehors, ce que
deviennent sa famille, sa fortune, son honneur, et de
quoi on l'a accusé et de quoi on l'accusera, et quel sort
on lui réserve ». Et, dans un langage quelque peu dé-
clamatoire, il nous conte qu'il craint la mort à tout instant, que ses gardiens peuvent l'exécuter silencieusement
dans sa prison, qu'il laissera sa famille sans nouvelles

de lui, que «, sa femme, ses enfants abusés, feront encore des vœux et des efforts pour sa délivrance, longtemps après que le tombeau où il a été enseveli vivant ne conservera plus que ses ossements décharnés ».

Si nous l'en croyons — et pourquoi ne pas le croire, au moins dans une certaine mesure et avec des réserves — ce qu'il y a de plus horrible dans la situation qui est faite au prisonnier de la Bastille, c'est le « mystère impénétrable qui enveloppe toutes les opérations » des geôliers. Une fois entre les murailles de la prison, le détenu, en général, est disparu aux yeux du monde ; il est enfoui là et on ne sait plus s'il existe. Le gouverneur, les officiers, les gardes, les geôliers, tous doivent se taire, ne point donner des nouvelles du captif, de telle sorte que sa famille, ses amis, ignorent s'il est toujours à la Bastille, s'il est malade ou bien portant, s'il vit ou s'il est mort. « L'homme, nous dit Linguet, qu'un officier de la Bastille voit et garde tous les jours, il soutient sans rougir, quand on lui en parle dans le monde, qu'il ne l'a jamais ni vu ni connu. Quand mes vrais amis sollicitaient auprès du ministre chargé du département de ces oubliettes la permission de me voir, il répondait comme un homme étonné même qu'on pût me croire à la Bastille. Le gouverneur a souvent juré à plusieurs d'entre eux *sur son honneur et foi de gentilhomme,* que je n'y étais plus, que je n'y avais pas été huit jours. »

Il est facile de comprendre que cet implacable secret, auquel est tenu le prisonnier, soit pour lui un terrible supplice : il souffre de ses propres angoisses et aussi des angoisses de ses proches, qui ignorent son sort.

Mais ce mystère est commode pour les emprisonneurs ; ils n'ont pas de raisons à donner, d'explications à fournir, de procès à faire, ce qui leur serait souvent difficile.

C'était, comme dans les autres prisons, le gouverneur qui fournissait la nourriture aux prisonniers, et naturellement il tâchait de gagner le plus possible. Il achetait sa charge fort cher, jusqu'à quarante mille livres, ses appointements étaient modestes, il était donc obligé de spéculer sur ses pensionnaires, au détriment de leur santé. Ceux qui ne pouvaient pas payer, ou payer fort peu, étaient fort peu nourris ; ceux qui y mettaient le prix avaient une table bien garnie. Linguet confesse qu'il avait des mets abondants, mais il redoute toujours d'être empoisonné et se plaint parfois de coliques et de vomissements de sang.

On faisait trois repas par jour, le déjeuner à sept heures du matin, le dîner à onze heures, et le souper à six heures.

Comme on ne laissait aux mains du prisonnier ni couteaux, ni ciseaux, le porte-clefs, qui lui donnait sa nourriture, était chargé de lui couper ses aliments ; il se servait pour cela d'un couteau rond du bout, qu'il remettait ensuite dans sa poche.

Lorsque les ongles du détenu, ou ses cheveux, avaient poussé, le porte-clefs lui prêtait des ciseaux, mais il surveillait de près l'opération et restait là jusqu'à ce qu'elle fût finie. Quant à la barbe, c'était le chirurgien qui la rasait deux fois la semaine. Le captif ne devait pas toucher aux rasoirs. Un jour Lally-Tollendal, emprisonné à la Bastille, s'empara d'un rasoir du chirurgien-apothicaire, et refusa, en riant, de le rendre. Immédiatement on sonna le tocsin et la garde fut mise sur pied. Voyant tout ce tumulte, Lally-Tollendal rendit l'instrument, cause de cet émoi.

Linguet se plaint surtout du manque d'air et d'exercice. Il y avait à la Bastille un grand jardin, mais les prisonniers ne s'y promenaient pas, du moins sous le gouverneur de Launay, qui l'avait loué à un jardinier, et par conséquent interdit aux malheureux détenus. Quant à la plate-forme des tours, pendant longtemps ce fut un endroit de promenade. De Launay craignit des conversations dangereuses avec le factionnaire et défendit qu'on y montât. Restait la cour, un long rectangle, entouré de hautes murailles, triste et sans soleil. En hiver, la bise s'y engouffrait en rafales cinglantes; en été, l'air y était lourd, épais, malsain, parce qu'il ne circulait pas. C'était dans cette cour que les prisonniers avaient la faculté de se promener, en silence, surveillés par des sentinelles, pendant une heure au plus, et les uns après les autres, de manière à ce qu'ils ne connussent point leurs compagnons d'infortune. Ajoutez à cela que les malheureux promeneurs étaient à tout instant contraints d'entrer dans une petite pièce pratiquée dans une voûte et qu'on appelait le *cabinet*, cela toutes les fois que quelqu'un passait dans la cour, et il y passait beaucoup de monde, car elle était le chemin de la cuisine où venaient de nombreux fournisseurs. C'est toujours le même système de secret absolu : il ne fallait pas que le prisonnier fût vu ou vît. Sur une heure de promenade, on était quelquefois trois quarts d'heure dans le *cabinet*, tandis que les fournisseurs allaient et venaient, ou que des étrangers visitaient la cour.

Pendant de longues années, on permit aux officiers de rendre visite aux prisonniers dans leurs cellules ; puis ensuite on leur interdit d'y aller seuls ; ils devaient toujours être deux, pour se surveiller l'un l'autre ; on craignait que des âmes trop tendres, trop charitables, ne prissent en pitié quelque infortuné détenu et ne lui procurassent un peu de soulagement en secret.

Linguet se plaint aussi qu'on ne lui ait pas fourni les vêtements nécessaires pour se garantir du froid. Il avait été arrêté le 27 septembre, allant dîner à la campagne, vêtu comme à la fin de l'été. Enfermé à la Bastille, il lui fut impossible de se procurer ni linge, ni habits, jusqu'à la fin de novembre, et l'hiver de 1780 fut précoce et rigoureux ; plusieurs fois il demanda la permission d'en acheter ; elle lui fut refusée. On lui en donna enfin dans les derniers jours de novembre, mais les bas et les habits étaient si étroits qu'il ne put les mettre. Il s'en plaignit au gouverneur, qui lui répondit « qu'il pouvait s'aller faire f..., qu'il se f... bien de ses culottes ; qu'il fallait ne pas se mettre dans le cas d'être à la Bastille ou savoir souffrir quand on y était ». Cependant, huit jours après, on lui donna une culotte et une robe de chambre. Elles furent les bienvenues, car Linguet grelottait dans sa cellule. C'est qu'on distribuait le bois aux prisonniers avec une avaricieuse parcimonie. Le gouverneur faisait des économies là-dessus, comme sur la nourriture, et chauffait ses pensionnaires au meilleur compte possible. On donnait à chacun six bûches par jour, qui flambaient comme des allumettes, produisaient un feu plus clair que chaud, et étaient vite consumées. Ceux qui avaient quelqu'argent pouvaient se procurer un supplément.

Le mobilier de chaque cellule était plus que modeste. C'était le gouverneur qui devait fournir les meubles et les entretenir à ses frais. « Deux matelas rongés des vers, nous dit Linguet, un fauteuil de canne, dont le siège ne tenait qu'avec des ficelles, une table pliante, une cruche pour l'eau, deux pots de faïence, dont un pour boire, et deux pavés pour soutenir le feu, voilà l'inventaire de mes meubles. Je n'ai dû qu'à la commisération du porte-clefs, après plusieurs mois, une pincette et une pelle de fer. Il ne m'a pas été possible d'obtenir des chenets... Ce n'est qu'au bout de huit mois que j'ai pu me faire acheter une théière. Pour avoir, avec mon argent, un fauteuil ordinaire et solide, il en a fallu douze, et quinze pour remplacer par de la faïence commune la crasseuse et dégoûtante vaisselle d'étain qui circule seule dans la maison. » Vous voyez que tout cela n'était pas luxueux : c'est à peine le nécessaire.

On craignait beaucoup que les prisonniers n'eussent des communications entre eux, aussi les chambres étaient-elles voûtées, ou munies d'un double plafond, lorsqu'il n'y avait pas de voûte. C'est pour la même raison que les tuyaux de cheminées étaient pourvus de trois grilles ; les détenus ainsi ne pouvaient grimper dans les cheminées soit pour s'évader, soit pour voir quelque compagnon de misère et de servitude.

On n'avait point ses aises dans ces misérables chambres des tours. Elles étaient fermées de deux portes épaisses, ferrées par dehors et par dedans. Vous étiez là sous triple verrou, et si, la nuit, vous étiez pris de quelque indisposition, de quelque attaque subite, vous risquiez fort de rester sans secours, car les porte-clefs n'enten-

daient point votre voix. Le malade n'avait guère que la
ressource de crier par la fenêtre s'il le pouvait, et d'appeler au secours; les sentinelles pouvaient entendre et
donner l'alarme au corps de garde. Alors le caporal de
service venait voir ce qu'il y avait, allait réveiller le
porte-clefs, qui allait réveiller le laquais du lieutenant du
roi, qui allait réveiller son maître pour avoir la clef; car
toutes les clefs étaient déposées chaque soir chez le dit
lieutenant du roi. Une fois la clef trouvée, on prévenait
le chirurgien et on arrivait enfin, après bien du temps,
chez le prisonnier qui était, peut-être, déjà mort, ou tout
au moins bien plus malade.

Mais le chirurgien-apothicaire ne pouvait que fort peu
de chose. Si vous aviez besoin du médecin, comme il demeurait en dehors de la Bastille, il ne vous rendait visite
que le lendemain. Le médecin était payé à l'année, et
non par visite, de telle sorte qu'il n'était guère disposé à
les multiplier; en général, il trouvait que le détenu n'a-
vait pas grand mal. Cependant, si celui-ci était manifes-
tement très malade, on lui donnait des remèdes et,
comme garde, un vieux soldat invalide, souvent maladroit et brutal.

Quand un prisonnier mourait à la Bastille on ne rendait point son corps à sa famille. On l'enterrait à Saint-
Paul, au milieu de la nuit: des guichetiers portaient le
cercueil et quelques officiers assistaient à la sépulture.
Les voisins entendaient souvent dans le silence de la
nuit le bruit du lugubre cortège se mettant en marche.
« Une nuit, vers deux heures du matin, nous conte Linguet, j'entendis dans l'escalier un grand tumulte: on
montait en grand nombre et avec fracas, on s'arrêtait à

cette porte ; il y eut des débats, des contestations, des allées et des venues. J'entendis très distinctement des efforts, des gémissements. Était-ce une visite secourable ou une exécution? Je l'ignore ; mais trois jours après, à la même heure, j'entendis à la même porte un bruit moins violent; je crus distinguer qu'on montait, qu'on posait, qu'on remplissait, qu'on accommodait une bière; à ces formalités succéda une forte odeur de genièvre. »

Pensez un peu quelles idées lugubres devaient apporter au pauvre prisonnier, solitaire dans sa cellule, tous ces bruits sinistres, tous ces apprêts de mort ! Quel serrement de cœur, quelle angoisse désespérée devait-il ressentir ! Et pas un être humain pour le consoler, réchauffer son âme ! Il fallait qu'il vécût ainsi toujours dans cette stupéfiante solitude. Personne à qui parler, si ce n'est de grossiers porte-clefs, qui entraient trois fois par jour dans sa cellule pour lui donner ses aliments !

Lorsqu'on était enfermé à la Bastille le gouvernement vous y oubliait quelquefois; les ministres passaient, un roi mourait, laissant son trône à un autre, les gouverneurs changeaient et... le prisonnier restait, d'autant plus longtemps qu'on ne savait plus au juste pourquoi il avait été incarcéré.

Saint-Simon, à ce propos, nous conte qu'arrivé au pouvoir le Régent se fit apporter la liste de toutes les lettres de cachet. « La plupart de ces lettres, ajoute-t-il, avaient été expédiées pour jansénisme, quantité dont les raisons étaient connues du feu roi seul et de ceux qui les lui avaient fait donner, d'autres du temps des précédents ministres. Le Régent leur rendit à tous pleine liberté... excepté à ceux qu'il connut être arrêtés pour crime effectif

et affaires d'État... Parmi les prisonniers de la Bastille
il s'en trouva un arrêté depuis 35 ans, le jour qu'il arriva
à Paris d'Italie, d'où, il venait, et qui venait voyager.
On n'a jamais su pourquoi, et sans qu'il eut été jamais
interrogé, ainsi que la plupart des autres. On se persuada
que c'était une méprise. Quand on lui annonça sa liberté
il demanda tristement ce qu'on prétendait qu'il en pût
faire ; il dit qu'il n'avait pas un sou, qu'il ne connaissait
qui que ce fut à Paris, pas même une seule rue, personne en France, que ses parents d'Italie étaient apparemment morts depuis qu'il en était parti, que ses biens
avaient, apparemment aussi, été partagés, depuis tant
d'années qu'on n'avait point eu de nouvelles de lui ; qu'il
ne savait que devenir ; il demanda de rester à la Bastille
le reste de ses jours, avec la nourriture et le logement.
Cela lui fut accordé avec la liberté qu'il y voudrait prendre..... Pour ceux qui furent tirés des cachots, l'horreur
de l'état où ils parurent épouvanta et rendit croyables
toutes les cruautés qu'ils racontèrent dès qu'ils furent en
pleine liberté. »

Tout cela n'est-il pas navrant ? Que pensez-vous de
l'histoire de ce pauvre Italien embastillé par méprise,
oublié dans sa prison et ne pouvant jouir de cette liberté
qu'on lui rend, parce qu'il serait comme un naufragé
dans une île déserte, au milieu de Paris même ? Cela ne
vous met-il pas des larmes aux yeux, la rage au cœur
contre le despotisme et l'arbitraire ?

*
* *

La Bastille était, comme avait été la Tour du Louvre,

comme le fut le château de Vincennes, une *prison
d'État*, où on énfermait surtout les Grands pour raison
politique; ce n'était point la prison des petits, du peuple,
qui était mis au Châtelet. C'était, avant tout, le Châtelet
qu'il redoutait et qu'il haïssait, ce qui ne l'empêcha pas
de coopérer vaillamment à la prise de la vieille forteresse
de Charles V, le 14 juillet 1789. Je disais, à l'instant,
qu'on enfermait à la Bastille surtout les Grands; on y
mettait aussi des gens sans titres et sans nom, témoin
Latude, témoin Linguet, un simple avocat, et tels autres
libellistes soupçonnés d'esprit de révolte. La Bastille
était encore commode pour les pères qui avaient à se
plaindre de leurs fils, tels Mirabeau, l'*ami des hommes*,
qui y fit jeter le futur orateur de la Constituante, tel encore le duc de Richelieu qui y fit enfermer son fils le
duc de Fronsac, coupable d'avoir bien des dettes, que le
père finit par payer. Elle était aussi utile aux maris
jaloux qui redoutaient les frasques de leurs femmes,
et aux grands seigneurs qui y faisaient mettre les
poètes et les hommes de lettres, dont ils voulaient se
venger, témoin Voltaire.

La Bastille a-t-elle été nécessaire, a-t-elle rendu des
services? M. Ravaisson, dans la préface des *Archives de
la Bastille*, qu'il a publiées, a prétendu qu'elle avait été
utile contre les crimes des nobles, pour refréner les dila-
pidations, les vols des Grands, d'un Fouquet par exemple, empêcher l'anarchie du royaume. « La Bastille, dit-
il, fut l'instrument d'un pouvoir réparateur. C'est là
qu'on fit de la politique intérieure, et qu'on broya les obs-
tacles en partie abattus par trois maîtres en l'art de ré-
gner, Richelieu, Mazarin, Louis XIV. Leur reprocher

les lettres de cachet serait peu connaître l'esprit du
temps. La Bastille était alors une prison d'État, comme
elle avait été le trésor sous Henri IV, une réserve, une

Mirabeau (1749-1791).

précaution, la moins bruyante possible, l'œuvre cachée
du Pouvoir. On ne doit jamais regretter ces terribles
moyens de salut public, mais il faut apprécier le bien
qu'ils ont produit. »

Eh bien soit, la Bastille a rendu des services. Oui,
elle a tenu entre ces sombres murs des hommes vrai

ment coupables. Oui, le pouvoir royal avait à se défendre encore pendant le cours du XVII° siècle contre les
Grands, dont l'ambition était égale à l'orgueil. Oui, la
royauté avait à parfaire, à terminer son œuvre de con-
centration, d'unité de la France. Et, pour ces motifs
la Bastille fut entre ses mains un instrument utile et
puissant. Reste à savoir si, pour frapper les nobles, les
derniers seigneurs féodaux, on n'aurait pas dû employer
d'autres moyens que la lettre de cachet, si on n'aurait
pas dû procéder contre eux d'une façon plus franche,
plus loyale, moins sournoisement violente. Beaucoup
furent emprisonnés et demandèrent vainement des juges ; c'est ce qui fut déplorable : ils ne purent se défendre
et cela est profondément inique. On n'avait point alors
de notions saines sur le juste et l'injuste : on ne connaissait que la *Raison d'Etat*. L'intérêt du pouvoir,
qui se confondait avec l'intérêt de la France, primait
tout. On n'avait aucun souci de la liberté humaine, de
ce que l'on a appelé plus tard *les droits de l'homme*.
L'individu était broyé par la grande machine sociale.
Emprisonner un homme en vertu d'une lettre de cachet,
le laisser enfoui à la Bastille, sans l'interroger, ni lui
faire de procès paraissait tout simple à cette époque ; c'é-
tait *dans l'esprit du temps*, nous dit M. Ravaisson. Soit !
Mais je ne peux m'empêcher de condamner cet *esprit
du temps*, et de regretter que de semblables idées aient
eu cours pendant de si longues années. J'ajoute enfin
que si les lettres de cachet ont jeté à la Bastille des
hommes vraiment coupables, des Grands dont il fallait
abattre la puissance et l'orgueil, elles ont servi aussi à
emprisonner de simples roturiers, à frapper des inno-

cents, à satisfaire des rancunes privées ou des caprices
cruels ; cette trop fameuse prison d'État a couvert bien
des abus, des iniquités criantes. A quoi a servi, je vous
le demande, la captivité de Latude et celle de ce pauvre
Italien dont je parlais plus haut et celle de tant d'autres,
perdus dans l'oubli, qui n'étaient pas des criminels politiques, ni même des criminels de droit commun?

Tout cela était dans les mœurs et les habitudes des
hommes des XVII° et XVIII° siècles (pour ne pas remonter plus haut), mais ces mœurs et ces habitudes
sont absolument détestables. Nous les condamnons hardiment aujourd'hui et nous comprenons la colère et la
haine vivace de la plus grande partie de la nation française contre la Bastille.

*
* *

La Bastille vit défiler dans ses murs bien des prisonniers de marque ; mon dessein n'est pas de les énumérer
tous, je n'en finirais pas ; j'en veux prendre quelques-uns
seulement.

Vous rappelez-vous un curieux chapitre de *Notre-
Dame de Paris* de Victor Hugo intitulé: « *Le retrait
où dit ses heures M. Louis de France.* » Le poète nous
y représente Louis XI dans la chambrette qu'il s'est
ménagée dans la forteresse qu'il préférait au Louvre,
chambrette encore assez vaste, située à l'étage le plus
haut d'une tourelle engagée dans le donjon. De là, il dominait Paris. Victor Hugo nous peint complaisamment
cette pièce. « C'était, nous dit-il, un réduit de forme
» ronde, tapissé de nattes en paille luisante, plafonné à

» poutres rehaussées de fleurs de lys d'étain doré, lam-
» brissé à riches boiseries semées de rosettes d'étain
» blanc... Il n'y avait qu'une fenêtre, une longue ogive
» treillissée de fil d'archal et de barreaux de fer, d'ailleurs
» obscurcie de belles vitres coloriées aux armes du roi
» et de la reine..... Qu'on se figure sur un opulent siège
» de cuir de Cordoue deux rotules cagneuses, deux
» cuisses maigres pauvrement habillées de tricot de
» laine noire, un torse enveloppé d'un surtout de futaine
» avec une fourrure dont on voyait moins de poil que de
» cuir; enfin pour couronner un vieux chapeau gras du
» plus méchant drap noir, bordé d'un cordon circulaire
» de figurines de plomb... A la maigreur de sa tête
» ridée on devinait un vieillard : c'était Louis XI. »

Le roi veut visiter ces fameuses cages de fer, dans
l'une desquelles il fit enfermer pendant onze années le
cardinal La Balue : il était bien aise aussi de les montrer
aux envoyés flamands qui sont avec lui ; il attestait ainsi
sa puissance, son absolu pouvoir. Louis XI et ses hôtes
se mettent donc en marche à travers les escaliers, les
corridors du noir donjon, accompagnés de guichetiers,
au milieu d'un bruit de clefs et de ferrailles.

« Ils entrèrent, nous conte Victor Hugo, dans une
» haute et vaste salle en ogive, au centre de laquelle on
» distinguait à la lueur des torches un gros cube massif
» de maçonnerie, de fer et de bois. L'intérieur était
» creux; c'était une de ces fameuses cages à prisonniers
» d'État, qu'on appelait *les fillettes du roi.* Il y avait
» aux parois deux ou trois petites fenêtres si drûment
» treillissées d'épais barreaux de fer qu'on n'en voyait
» pas la vitre. La porte était une grande dalle de pierre

» plate, comme aux tombeaux; de ces portes qui ne
» servent jamais que pour entrer; seulement, ici, le
» mort était un vivant. Le roi se mit à marcher lente-
» ment autour du petit édifice en l'examinant avec soin,

Louis XI (1423-1483).

» tandis que maître Olivier, qui le suivait, lisait tout
» haut le mémoire. »

Cette cage était revenue, paraît-il, à trois cent dix-sept
livres, cinq sols, sept deniers.

— Pasque-Dieu ! s'écria le roi.

» A ce juron, qui était le favori de Louis XI, il parut
» que quelqu'un se réveillait dans l'intérieur de la cage;
» on entendit des chaînes qui écorchaient le plancher
» avec bruit, et il s'éleva une voix faible qui semblait

» sortir de la tombe : — Sire ! Sire ! Grâce ! — On ne
» pouvait voir celui qui parlait ainsi.

— Trois cent dix-sept livres, cinq sols, sept deniers ! reprit Louis XI.

» La voix lamentable qui était sortie de la cage avait
» glacé tous les assistants, maître Olivier lui-même. Le
» roi seul avait l'air de ne pas l'avoir entendu. Sur son
» ordre maître Olivier reprit sa lecture et Sa Majesté
» continua froidement l'inspection de la cage. »

Louis tourne autour d'elle, l'examine, fait des obser-
vations sur la cherté des matériaux, en réalité il flaire
sa proie avec une cruelle jouissance ; sentir là un être
humain qui souffre désespérement, procure à son cœur
de despote une joie secrète, une volupté aiguë. La voix
s'élève de temps à autre :

« — Hélas ! Sire ! ne m'écouterez-vous pas ? Je vous
» proteste que ce n'est pas moi qui ai écrit la chose à
» Monseigneur de Guyenne, mais monsieur le cardinal
» Balue !

» — Le menuisier est cher, observa le roi.....

» — Faites grâce, Sire !... Je suis innocent. Voilà
» quatorze ans que je grelotte dans une cage de fer.
» Faites grâce, Sire. Vous retrouverez cela dans le ciel.

» — Maître Olivier, dit le roi, le total ?

» — Trois cent dix-sept livres, huit sols, trois de-
» niers parisis.

» — Notre-Dame, cria le roi. Voilà une cage outra-
» geuse.

» ... Cependant on entendait sangloter le prisonnier.
» Cela était lugubre dans l'ombre, et les visages se
» regardaient en pâlissant.

« — Quatorze ans, Sire!.. Au nom de la sainte Mère
» de Dieu, écoutez-moi. Vous avez joui tout ce temps de
» la chaleur du soleil. Moi, chétif, ne verrai-je plus
» jamais le jour? Grâce, Sire! soyez miséricordieux....
» D'ailleurs, je n'ai point trahi Votre Majesté, c'est
» Monsieur d'Angers. Et j'ai au pied une bien lourde
» chaîne et une grosse boule de fer au bout, beaucoup
» plus pesante qu'il n'est de raison. Hé! Sire! ayez pitié
» de moi!

» — Olivier, dit le roi, je remarque qu'on me compte
» le muid de plâtre à vingt sols, qui n'en vaut que douze.
» Vous referez ce mémoire.

» Il tourna le dos à la cage, et se mit en devoir de
» sortir de la chambre. Le misérable prisonnier, à
» l'éloignement des flambeaux et du bruit, jugea que le
» roi s'en allait.

» — Sire! Sire! cria-t-il avec désespoir.

» La porte se referma. Il ne vit plus rien et n'entendit
» plus que la voix rauque du guichetier qui lui chantait
» aux oreilles la chanson:

> Maître Jean Balue
> A perdu la vue
> De ses évêchés,
> Monsieur de Verdun
> N'en a plus pas un,
> Tous sont dépêchés. »

Le prisonnier désespéré et gémissant qui était enfermé dans cette horrible cage, au fond d'un cachot de
la Bastille, était l'évêque de Verdun, Guillaume de
Haraucourt, l'ami de l'évêque d'Angers, le cardinal La
Balue. Celui-ci était emprisonné dans une autre cage

semblable. Il avait correspondu, prétendait Louis XI, avec les ducs de Berry et de Bourgogne, ennemis du roi, crime impardonnable, qu'il fallait durement expier. L'évêque de Verdun accusé d'être son complice avait été pour ce motif jeté dans cette infernale prison.

J'ai voulu citer presque tout entières les pages si vivantes, si colorées, de Victor Hugo. Sans doute tout cela vise à l'effet et est disposé pour frapper vivement l'imagination du lecteur, mais ce n'est pas pour me déplaire. Il me semble qu'après avoir vu ce vigoureux tableau, magistralement brossé, vous comprendrez mieux encore l'atrocité de l'emprisonnement dans ces horribles cages de fer, où on torturait le corps et l'âme, avec un raffinement de cruauté inouï.

C'est dans une cage pareille que fut enfermé, encore par Louis XI, Jacques d'Armagnac, duc de Nemours, qui avait prêté l'appui de son épée à la *Ligue du bien public* formée par les ennemis du roi.

Sous François Iᵉʳ je trouve à la Bastille le chancelier Poyet, accusé de malversations; puis, un peu plus tard, en 1559, sous Henri II, le conseiller au Parlement Anne Dubourg, qui avait pris avec trop de hardiesse la défense des idées calvinistes; l'infortuné fut condamné à mort pour son hérésie et brûlé en place de Grève.

Au commencement du XVIIᵉ siècle, sous Henri IV, Biron, l'ancien ami du roi, fut enfermé à la Bastille, comme criminel d'État. Dévoré d'ambition, rongé d'orgueil, comme tant de nobles à cette époque où la monarchie n'était pas encore tout à fait assise ni la féodalité complètement écrasée, ce duc de Biron, oubliant qu'il avait été le compagnon d'armes du Béarnais, l'ami des mauvais jours, oubliant aussi qu'il avait été comblé de biens et de faveurs par le roi, conspira contre lui, traita avec l'Espagne et voulut porter les armes contre la

Richelieu (1585-1642).

France. Jeté justement en prison, il fut condamné à mort et eut la tête tranchée.

En 1631, le maréchal de Bassompierre, qui avait fortement intrigué contre Richelieu, fut mis à la Bastille ; comme Bassompierre était un personnage important, qu'il avait de nombreux amis et de l'influence, le terrible cardinal-ministre, une fois qu'il l'eut en main, jugea plus prudent de ne pas le lâcher; le maréchal resta douze ans emprisonné, et ne fut rendu à la liberté qu'à la mort de Richelieu, en 1643.

Sous Louis XIV, je vois à la Bastille le trop fameux surintendant des finances Fouquet, qui y fut conduit sur l'ordre du roi, et ne fut transféré à la citadelle de Pignerol qu'après son jugement et sa condamnation. Vous savez que Fouquet était accusé de malversations. Il avait, aux dépens du trésor public, amassé de scandaleuses richesses, une fortune invraisemblable de fastueux nabab. Le jeune roi, faisant acte d'autorité, envoya le surintendant à la Bastille. On lui fit son procès, et sa culpabilité parut bien démontrée; elle ne semble pas contestable, malheureusement. Son ami Pélisson partagea sa captivité. Fouquet fut coupable, soit, et on fit bien de le condamner: peut-être fut-il frappé trop cruellement. En tous cas je ne puis m'empêcher de songer que bien des rois, dilapidant les finances du royaume, ont vécu dans le faste, la splendeur et les fêtes perpétuelles, à commencer par Louis XIV lui-même, et qu'ils n'ont jamais été punis de la peine la plus minime. Hélas, la justice absolue n'a jamais été et ne sera jamais de ce monde!

Vers la même époque (1661), les persécutions contre les Jansénistes commencèrent et j'en trouve quelques-uns à la Bastille. Le célèbre Lemaistre de Sacy, le traducteur de la Bible, le directeur de Port-Royal, avait échappé quelque temps aux persécuteurs; sa retraite fut enfin découverte, et, en 1666, il fut jeté dans la prison d'État, où il resta trois années. Plus tard, en 1685, après la révocation de l'Édit de Nantes, la Bastille reçut encore plus d'un malheureux protestant. On les incarcéra là

comme on y avait incarcéré les Jansénistes; c'était un des
détestables moyens qu'employait Louis XIV pour établir dans le royaume l'unité de croyances et de foi qui lui
semblait être le complément nécessaire de l'unité politique. Atroces persécutions qui n'ont point produit l'unité
religieuse et n'ont servi qu'à former des ennemis à la
France !

Au XVIII° siècle, sous le Régent, Voltaire y fut enfermé deux fois. D'abord à l'âge de vingt-deux ans, en
mai 1717. « Il avait fait des petits vers très effrontés »,
nous dit Saint-Simon. Ce n'était pas des vers, mais
quelques lignes de prose latine, qui étaient une petite
satire fort insultante contre le Régent et la duchesse de
Berry, sa fille. Déjà, un an auparavant, en mai 1716, il
avait été envoyé en exil à Sully-sur-Loire, pour une
pièce de vers méchants qu'il avait écrite contre eux. Il en
avait gardé rancune au duc d'Orléans et il se vengea de
son exil dans ce court pamphlet écrit en latin. Aussi
fut-il arrêté le 16 mai, jour de la Pentecôte. L'exempt
Bazin, qui procéda à son arrestation, donne dans son
procès-verbal, adressé à d'Argenson, le lieutenant de
police, quelques détails intéressants sur l'attitude de son
prisonnier : « Il a beaucoup goguenardé, en disant qu'il
ne croyait pas que l'on dût travailler les jours de fêtes, et
qu'il était ravi d'être à la Bastille pourvu que l'on lui
permît de continuer à prendre son lait, et que si, dans
huit jours, l'on voulait l'en faire sortir, il supplierait que
l'on l'y laissât encore quinze jours, afin de le prendre
sans dérangement, et qu'il connaissait fort cette maison,
qu'il avait eu l'honneur d'y aller plusieurs fois rendre ses
devoirs à M. le duc de Richelieu, mais qu'il ne croyait

pas dans ce temps être obligé d'y venir un jour faire sa
demeure; que tout ce qui le consolait était qu'il n'avait
rien à se reprocher. »

Le jeune Arouet goguenarda peut-être un peu moins
une fois sous les verrous; en tous cas il eut le temps de
prendre son lait tout à loisir, car il resta onze mois enfermé. C'est alors qu'il ébaucha *La Henriade* et composa sa pièce de vers intitulée *La Bastille*. Il fut remis
en liberté le 10 avril 1718, mais relégué au village de
Chatenay, près de Sceaux, où son père avait une maison
de campagne. Pour panser sa blessure, le Régent qu'il
avait insulté, oubliant généreusement ses injures, lui
accorda une pension de quatre cents écus. « Monseigneur, lui dit Voltaire, je remercie votre Altesse royale
de vouloir bien continuer à se charger de ma nourriture, mais je la prie de ne plus se charger de mon logement. »

Sa captivité avait été douce et il ne faut pas travestir
le jeune pamphlétaire en *martyr de la pensée*. Mais,
quoi qu'il en soit, cette peine nous semble aujourd'hui
disproportionnée au délit. Certes, Voltaire avait agi
comme un polisson, et il faut avouer que ses méchants
propos, ses insinuations perfides et ses épigrammes dif-
famatoires sur la vie privée du Régent et de sa fille méri-
taient bien quelque châtiment. Un emprisonnement de
onze mois était excessif.

Huit ans après, en 1726, il fut embastillé de nouveau,
très injustement cette fois et contre toute espèce de droit.
Les détails de l'affaire qui motiva cette seconde arrestation ont été rapportés diversement, mais chez tous les
historiens le fond est le même. Je m'arrête à la narration

qu'en fit l'abbé du Vernet d'après Thiériot, ami intime de Voltaire.

Le chevalier de Rohan-Chabot dînait quelquefois chez le duc de Sully où il se rencontra un jour avec Voltaire.

Voltaire (1694-1778).

Dans une discussion sur je ne sais quel sujet, l'écrivain ne fut pas de l'avis du grand seigneur.

— Quel est ce jeune homme, dit celui-ci, qui, pour me contredire, parle si haut ?

— Monsieur le chevalier, reprit vivement Voltaire,

c'est un homme qui ne traîne pas un grand nom, mais qui honore celui qu'il porte.

Rohan piqué sortit de table. Tous les convives approuvèrent le poète, et le duc de Sully lui-même lui dit : « Nous sommes heureux si vous nous en avez délivrés. »

Quelques jours après, Voltaire dînait encore chez le duc. On le demande pour une bonne œuvre ; il se lève, court à la porte, dans la rue, où se trouvait un fiacre. Deux hommes, qui étaient dans la voiture, le prient d'un ton plaintif de monter à la portière. Dès qu'il y est l'un des deux hommes le saisit et le retient par son habit, tandis que l'autre le frappe sur les épaules avec une petite baguette. Au bout de cinq ou six coups, le chevalier de Rohan, qui était dans sa voiture tout près de là, crie aux deux hommes : *C'est assez*. Alors on lâche Voltaire, qui, la colère au cœur, remonte dans l'hôtel. Il demande au duc de Sully de « regarder cet outrage fait à l'un de ses convives comme fait à lui-même », et le prie de venir chez le commissaire attester la vérité de sa déposition. Le duc de Sully refuse. Voltaire fut très irrité de ce refus ; il sortit, et ne revint jamais dans cette maison, où il avait été si longtemps traité en ami.

Comme il n'était pas homme à supporter des coups de canne sans chercher à en tirer vengeance, il appelle chez lui un maître d'armes, qui lui donne des leçons, et quand il se sent suffisamment habile, il va au Théâtre-Français, se fait introduire dans la loge de Rohan, et lui dit : « Monsieur si quelqu'affaire d'intérêt ne vous a point fait oublier l'outrage dont j'ai à me plaindre, j'espère que vous m'en rendrez raison. »

Le chevalier accepte le duel proposé, fixe le rendezvous à la porte Saint-Antoine pour le lendemain neuf heures, et le soir même annonce à sa famille la provocation dont il a été l'objet. C'est alors que le Cardinal de Rohan obtint enfin l'arrestation du poète. Dans la nuit du 17 avril, deux exempts s'emparèrent de lui dans la rue Maubuée, à l'enseigne de la Grosse-Tête, et le conduisirent, par ordre du roi, à la Bastille [1]. Au moins le brave chevalier de Rohan allait être plus tranquille !

Il avait la réputation d'être assez poltron, et il devait être inquiet depuis quelques mois. En effet la scène, qui eut lieu à la porte du duc de Sully, s'était passée à la fin de janvier, et ce n'est que le 17 avril que Voltaire fut emprisonné. Pendant près de trois mois la famille de Rohan redouta la vengeance du jeune écrivain, qui prenait des leçons d'armes, et qu'on savait irascible et violent. On avait toujours peur de quelque esclandre. Une note du ministre Maurepas à Hérault, lieutenant de police en fait foi. Elle est datée du 23 mars et ainsi conçue : « Son Altesse sérénissime est informée que le chevalier de Rohan part aujourd'hui pour Paris (il paraît qu'il l'avait quitté pour aller à Versailles sans doute), et comme il pourrait avoir quelque nouveau procédé avec le sieur de Voltaire, ou celui-ci faire quelque coup d'étourdi, son intention est que vous les fassiez observer de manière que cela n'ait point de suite. »

Il est certain que la famille Rohan intriguait déjà à cette date pour faire enfermer Voltaire. Cinq jours après cette note, le 28 mars, Maurepas écrivait à Hérault :

---

1. Tous ces faits ont été racontés un peu différemment, par M. Desnoiresterres, l'historiographe de Voltaire. Mais dans son travail savant le fond de l'affaire est le même qu'ici.

« Je vous adresse un ordre du roi pour faire conduire et recevoir à la Bastille le sieur Arouet de Voltaire ; vous aurez soin, s'il vous plaît, de tenir la main à son exécution, et de m'en donner avis. »

Comment se fait-il que cet ordre ne fut exécuté que trois semaines après ? Je n'en sais rien. En tous cas on voit que, lorsque Voltaire provoqua Rohan, son emprisonnement était déjà décidé. On s'empressa de procéder alors à l'arrestation ordonnée, puis suspendue. C'était urgent pour la sûreté du chevalier. Il avait bien voulu, suivant sa propre expression « commander les travailleurs » chargés de bâtonner Voltaire, mais, prudent comme Panurge, il ne tenait pas à risquer sa vie dans un duel.

Cet emprisonnement fut inique. Le grand seigneur avait tous les torts. Il avait été le provocateur, le lâche insulteur. Cependant le gouvernement ne l'inquiéta pas. On se contenta, suivant les expressions de Maurepas, de « s'informer des gens dont le chevalier de Rohan s'était servi pour faire battre Voltaire, et de les faire arrêter, avec cette précaution que ce soit avec le moins d'éclat qu'il se pourra et hors de sa maison ». On prenait toutes sortes de soins pour ne point blesser Rohan. On arrêta ceux qui n'avaient été que l'instrument docile, et on laissa tranquille celui qui les avait payés pour cette vilaine besogne ; on emprisonna le battu, tandis que le batteur continua à jouir de sa liberté, au grand soleil, et cela parce qu'il était gentilhomme ! Le lieutenant de police écrivit un rapport où il disait : « Le sieur de Voltaire a été trouvé muni de pistolets de poche, et la famille, sur l'avis qu'elle a eu, a applaudi unanimement et universellement à la sagesse d'un ordre qui épargne à ce jeune homme la façon de quelque nouvelle sottise, et aux honnêtes gens, dont cette famille est composée, le chagrin d'en partager la confusion. » C'est en vain qu'il cherche à justifier cet acte arbitraire : ce fut une criante injustice.

Le gouvernement le sentit, et la captivité du poète fut très courte et très douce. Dès son arrivée à la Bastille, il s'était empressé d'écrire au ministre. « Le sieur de Voltaire, disait-il, remontre très humblement qu'il a été assassiné par le brave chevalier de Rohan assisté de six coupe-jarrets, derrière lesquels il était hardiment posté ; qu'il a toujours cherché, depuis ce temps-là, à réparer, non son honneur, mais celui du chevalier, ce qui était trop difficile.......... Il demande la permission de manger avec le gouverneur de la Bastille et de voir du monde. Il demande, avec encore plus d'instance, la permission d'aller incessamment en Angleterré. Si on doute de son départ, on peut l'envoyer avec un exempt jusqu'à Calais. »

Le lieutenant de police donna des ordres pour qu'il fut traité avec ménagements, et pour qu'on lui procurât « les douceurs et la liberté intérieure de la Bastille qui ne seront point contraire à la sécurité de sa détention ». Voltaire eut un domestique spécial attaché à sa personne ; il prit ses repas avec le gouverneur, quand il le voulut ; il eut des livres, du papier, des plumes ; il reçut ses amis et ses parents, dont quelques-uns dînèrent avec lui. Et, au bout de douze jours d'emprisonnement, il fut libéré, le 29 avril 1726, à condition qu'il s'éloignerait d'au moins cinquante lieues de Paris, « sans y pouvoir revenir que par une permission expresse du roi ». Sous la conduite d'un exempt il partit pour Calais, comme il l'avait souhaité. Il y resta quelque temps, puis s'embarqua pour l'Angleterre. C'est là qu'il vit représenter les pièces de Shakespeare, qui lui donnèrent l'idée d'introduire quelques modifications dans la tragédie classique. *Othello* lui inspira *Zaïre*. Ainsi l'exil après la prison pour avoir reçu des coups de canne d'un grand seigneur et avoir voulu se venger ! C'est un bel exemple de l'arbitraire qui florissait alors.

En 1718, l'année même où le premier emprisonnement de Voltaire cessait, la Bastille eut pour hôtes la duchesse du Maine et son amie, sa confidente, cette aimable et spirituelle Mlle de Launay, qui devint plus tard Mme de Staal. Toutes deux s'étaient mises à la tête d'une intrigue contre le Régent ; elles avaient suscité contre lui, comme dit Sainte-Beuve, « une Fronde qui portait encore le cachet du bel esprit ». Elles étaient entrées dans une conspiration — la conspiration de Cellamare — qui avait pour but de retirer la régence du royaume au duc d'Orléans pour la confier au roi d'Espagne Philippe V. C'était Cellamare, l'ambassadeur espagnol, qui avait noué l'intrigue d'après les ordres du fameux Albéroni. Tout fut découvert. Cellamare quitta la France, tandis que la duchesse du Maine et Mlle de Launay, qui s'étaient jetées, avec leur étourderie de femmes, dans ce détestable projet, entrèrent à la Bastille. Leur emprisonnement fut doux, et on ne peut les compter au nombre des victimes du despotisme et des lettres de cachet. Elles avaient bien mérité quelques mois de prison. Ce n'était pas trop pour avoir favorisé les plans

d'un ministre étranger, et tenté de livrer le gouvernement de la France au roi d'Espagne.

Je trouve encore parmi les prisonniers célèbres de la
Bastille le fameux Latude, qui y entra en 1749.

Ce Latude eut les aventures les plus étranges que l'on
puisse voir.

Mme de Pompadour (1721-1764).

C'était un Languedocien, d'humeur légère, très dési-
reux d'attirer l'attention sur lui. Il avait 24 ans
lorsqu'il lui prit l'idée fantasque d'envoyer à Mme de Pompadour une petite boîte pleine de poudre explosible, et
de lui écrire qu'un complot était formé contre elle : la
poudre était un échantillon de celle que devaient employer
les conjurés. Tout cela était absolument inventé par
Latude, qui voulait simplement être amené à Mme de
Pompadour et obtenir sa protection. Mal lui en prit. La

favorite le fit purement et simplement jeter à la Bastille
et soumettre à une cruelle incarcération. Latude, jeune,
actif, entreprenant, n'était pas homme à supporter avec
patience son emprisonnement. Il tenta bien des fois de
s'échapper, fut repris, et, naturellement, traité plus durement encore. On le changea de prison plusieurs fois ; on
l'envoya à Vincennes, à Charenton avec les fous, en
dernier lieu à Bicêtre. Rien ne dompta son énergie.
Latude, en réalité, coupable d'une simple folie de jeunesse, se démena tant qu'il pût, protestant de son innocence, demandant sa liberté à cor et à cri, rédigeant des
mémoires, qui le plus souvent n'arrivaient pas à leur
adresse. L'infortuné restait toujours en prison, et les
années se passaient ! Cette longue et patiente cruauté à
l'égard de cet homme est absolument inexplicable. C'était
un agité, un cerveau brûlé, comme on dit vulgairement,
mais ce n'était point un criminel dangereux. La Pompadour mourut en 1764 et Latude resta encore à la Bastille.
En 1777, on lui accorde enfin sa liberté, et le voilà qui
part pour Montagnac, son pays. En route on l'arrête à nouveau et on le tranfère à Bicêtre. Pourquoi ?
Il est difficile de le savoir au juste. On prétend que l'autorité lui avait interdit le séjour de Paris, et que Latude
avait manifesté le désir et l'intention formelle d'y revenir.
Il fallait au moins attendre qu'il eut mis ses projets à
exécution !

Enfin il fut délivré en 1784, après trente-cinq ans d'emprisonnement, et d'une façon assez romanesque. Il
avait quelques années auparavant rédigé un mémoire
pour le président de Jourgues, et l'avait confié à un porte-
clefs, qui s'enivra et perdit le papier. Le mémoire tomba,

par le plus grand des hasards, entre les mains d'une petite mercière, Mᵐᵉ Legros. Latude contait ses malheurs; Mᵐᵉ Legros en fut touchée aux larmes ; elle résolut de délivrer ce prisonnier martyr, d'y employer tout son temps, d'y sacrifier sa petite fortune. Elle se tint parole à elle-même, se mit en campagne, multiplia les lettres, les démarches, les visites, intrigua, fit jouer des influences, ne se découragea point, et, au bout de longs mois qui lui parurent éternels, eut la joie d'arriver à ses fins. Grâce à cette bonne et courageuse femme, Latude sortit de prison et revît la lumière du soleil. Il avait soixante ans, et il était entré à la Bastille à vingt-quatre ans. Il avait passé le meilleur de sa vie, ses années de jeunesse et de maturité, enfermé dans les prisons !

En 1753, l'écrivain La Beaumelle goûta, lui aussi, les charmes de la Bastille. Un jour, à Berlin, il avait comparé Voltaire à un singe. Celui-ci, qui était alors à la cour de Frédéric, s'était montré très blessé de cette plaisanterie douteuse, il avait l'amour-propre chatouilleux et la vanité excessive. Les deux écrivains se brouillèrent, La Beaumelle revint à Paris, d'où cependant il était exilé et, pour se venger de Voltaire, il eut la méchante idée d'insérer dans *le Siècle de Louis XIV* de petites notes perfides, dans lesquelles la maison d'Orléans était injuriée ; puis il édita le volume ainsi remanié. Voltaire connut la chose et poussa des cris d'orfraie. Il accusa La Beaumelle hautement. « Ce malheureux Erostraste du *Siècle de Louis XIV,* s'écria-t-il, a trouvé le secret de changer, pour quinze ducats, en un libelle infâme un livre entrepris pour la gloire de la nation ! » Et La Beaumelle, pour ce fait, sur la plainte de Voltaire, qui n'était pas

tendre pour ses ennemis, fut mis à la Bastille où il resta
six mois. Avouons qu'il avait bien mérité son emprisonnement.

Trois ans après, en 1756, il y rentra pour une nouvelle supercherie. Décidément ce libelliste manquait
de scrupule ! Il avait publié des *Mémoires pour servir à
l'histoire de Mme de Maintenon et à celle du siècle passé*,
suivis de lettres nombreuses, en plusieurs volumes. La
correspondance de Mme de Maintenon y était falsifiée,
mensongère, et l'auteur, avec un imperturbable aplomb,
avait rédigé des lettres qu'il attribuait impudemment à
diverses personnes. De plus on lisait dans son œuvre une
phrase perfide sur le gouvernement autrichien. Il y disait
que la cour de Vienne était accusée depuis longtemps
d'avoir toujours à ses gages des empoisonneurs. C'en
était trop. Les ministres français ne voulurent point laisser insulter l'Autriche, avec laquelle la France avait
intérêt à rester en relations amicales, et ils envoyèrent
La Beaumelle à la Bastille.

Il y fut bien traité [1]. On lui apporta tous ses manuscrits, sa bibliothèque, et il put, à son aise, traduire Tacite
et Horace. Il recevait des visites de parents et d'amis,
se promenait dans le jardin du château, librement, faisait
venir des friandises du dehors, élevait des oiseaux dans
sa chambre pour se distraire. Il composait aussi des vers
qu'il avait l'habitude de déclamer à haute voix. Cela
inquiéta quelque peu un officier, le major Chevalier, qui
écrivit au lieutenant de police : « *Le sieur de La Beaumelle · semble avoir beaucoup perdu de sa cervelle : il*

____

1. Voir dans la *Revue bleue* du 13 juillet 1880 un article de M. Funck-
Brentano sur les gens de lettres à la Bastille.

paraît comme insensés : il s'amuse à déclamer dans sa chambre, en vers, une partie de la journée : le reste du temps, il est tranquille. » Ainsi le major Chevalier jugeait qu'un homme qui se berçait à la cadence des phrases sonores ne pouvait être qu'un insensé. Allons ! Ce brave officier n'aimait pas les rythmes et les rimes. Heureusement, ils lui auraient peut-être fait *perdre un peu de sa cervelle* ; ce qui eût été dommage, car il ne semble pas en avoir eu trop.

La Beaumelle sortit de la Bastille au mois d'août 1757. Il y était resté un an.

En 1760 l'aimable et spirituel abbé Morellet fut embastillé à son tour. Il était l'ami des encyclopédistes et des philosophes. Ceux-ci avaient été attaqués violemment par Palissot, particulièrement dans sa *Comédie des philosophes*. Morellet répondit par un pamphlet virulent intitulé *Préface de la Comédie des Philosophes*. Il avait publié son libelle sans privilège ni permission ; or, à cette époque, aucun ouvrage ne pouvait paraître sans une autorisation préalable qu'on appelait un *privilège*. On prit prétexte de cela pour l'envoyer à la Bastille. En réalité le gouvernement n'était pas fâché de faire pièce à un ami des encyclopédistes qu'il ne voyait pas d'un bon œil. Morellet resta en prison six semaines « qui s'écoulèrent, dit-il, très agréablement ». Cet emprisonnement fut une véritable réclame pour le mordant abbé. A sa sortie de la Bastille il fut accueilli dans les salons de Mme de Necker, du baron d'Holbach, et il fut bien payé, par l'accueil aimable qu'on lui fit, des quarante jours pendant lesquels il avait été retenu prisonnier.

La même année Marmontel fit un bref séjour à la

Bastille. Il avait offensé dans ses écrits un gentilhomme, le duc d'Aumont, et s'était querellé avec lui. Suivant son injuste habitude le gouvernement prit la défense du courtisan. On ne pouvait toucher à cette caste privilégiée sans mériter un châtiment! L'écrivain fut puni. Oh ! pas bien rigoureusement il est vrai, puisqu'il ne resta que onze jours privé de liberté! Cette courte captivité fut très douce, d'après son témoignage même. Marmontel se rendit à la Bastille dans un fiacre, accompagné d'un exempt.

« A mon arrivée, on visita légèrement, dit-il, mes paquets
» et mes livres, et l'on me fit monter dans une vaste
» chambre où il y avait pour meubles deux lits, deux
» tables, un bas d'armoire et trois chaises de paille. Il
» faisait froid, mais un geôlier nous fit bon feu et m'ap-
» porta du bois en abondance. En même temps on me
» donna des plumes, de l'encre, du papier, à condition de
» rendre compte de l'emploi et du nombre de feuilles que
» l'on m'aurait remises.

» Le geôlier revint me demander si je trouvais mon
» lit assez bon. Après l'avoir examiné je répondis que les
» matelas en étaient mauvais et les couvertures mal-
» propres. Dans la minute tout cela fut changé. On me
» fit demander aussi quelle était l'heure de mon dîner. Je
» répondis : « L'heure de tout le monde. » La Bastille
» avait une bibliothèque : le gouverneur m'en envoya le
» catalogue, en me donnant le choix des livres qui la com-
» posaient. Je le remerciai pour mon compte, mais mon
» domestique demanda pour lui les romans de Prévost,
» et on les lui apporta.......... L'après-dîner, le gouver-
» neur vint me voir et me demanda si je me trouvais bien
» nourri, m'assurant que je le serais de sa table, qu'il

» aurait soin lui-même de couper mes morceaux et que
» personne que lui n'y toucherait. Il me proposa un pou-
» let pour mon souper : je lui rendis grâce, et lui dis
» qu'un reste de fruit de mon dîner me suffirait. On peut
» induire de mon ordinaire à la Bastille avec quelle dou-
» ceur, ou plutôt quelle répugnance, on se prêtait à servir
» contre moi la colère du duc d'Aumont. Tous les jours
» j'avais la visite du gouverneur. Comme il avait quelque
» teinture de belles-lettres et même de latin, il en jouis-
» sait. Mais bientôt, se dérobant lui-même à ses petites
» dissipations : « Adieu, me disait-il, je m'en vais consoler
» des gens plus malheureux que vous. »

Oh oui ! certes il devait y en avoir de plus malheureux
que lui ! Car nous voyons par l'exemple de La Beaumelle, de Morellet et de Marmontel, que, dans cette
seconde moitié du XVIIIe siècle, les écrivains, en somme,
étaient fort bien traités à la Bastille, et qu'ils n'y restaient jamais longtemps. Le gouvernement avait déjà,
dans une certaine mesure, un vague respect pour la
pensée humaine. On n'eût point agi ainsi cinquante
années plus tôt. Sans doute les écrivains sont encore
punis arbitrairement, par mesure administrative, sans
qu'un tribunal quelconque intervienne pour écouter leur
défense et prononcer un arrêt indépendant et juste. Sans
doute on les emprisonne pour peu de chose le plus souvent, parce qu'ils ont eu querelle avec un grand seigneur,
ou publié un écrit sans permission, ou attaqué le gouvernement, ce qui prouve que les idées d'égalité et de
liberté n'avaient pas pénétré encore chez les gouvernants.
Mais, si les lois n'ont pas fait de progrès sensible, les
mœurs en ont accompli un très notable : elles se sont

adoucies et ont peu à peu corrigé la brutalité des pratiques gouvernementales. Le despotisme était devenu
singulièrement moins dur, moins pesant, le gouvernement moins absolu, plus mesuré et plus tolérant. Sans
conteste il faisait meilleur vivre en 1750 que sous Louis
XIV. Certes avec nos idées actuelles, notre absolu respect de la pensée, notre liberté de la presse sans entraves
et sans limites, nous trouvons qu on est encore très
illibéral, fort arriéré dans le milieu du XVIIIᵉ siècle, et
que l'arbitraire y règne. Mais tout est relatif dans ce
monde, et, si nous nous reportons à la seconde moitié
du XVIIᵉ siècle, nous reconnaissons qu'un progrès s'est
effectué. En 1666 Lemaître de Sacy, traqué, persécuté,
est emprisonné pendant trois ans à la Bastille et assez
rigoureusement traité, simplement parce qu'il est janséniste et semble dangereux. En 1756 La Beaumelle,
qui avait falsifié des lettres de Mᵐᵉ de Maintenon, attaqué
l'ancienne cour de France et aussi la cour d'Autriche,
n'y reste qu'une année et est soumis à un régime très
humain. C'est qu'un esprit nouveau commence à souffler. Un certain scepticisme insouciant, une certaine
mollesse dans la répression. des attaques contre le
pouvoir, se manifestent chez les gouvernants ; les idées
se modifient. Les temps sont proches !

En 1766 je trouve à la Bastille l'ancien gouverneur
des possessions françaises de l'Inde, Lally-Tollendal, qui,
injustement accusé d'avoir trahi les intérêts du roi, fut
mis en prison, et, après une détention de dix-huit mois,
condamné à mort. Ce fut un abominable crime. Son jugement fut revisé plus tard, à l'instigation de son fils, en
1778, sous Louis XVI. L'arrêt inique fut cassé et la

Prise de la Bastille, le 14 juillet 1789.

mémoire de Lally-Tollendal réhabilitée. Il était bien temps !

En 1780 Linguet est embastillé à son tour pour avoir attaqué le pouvoir dans un journal qu'il avait fondé. J'ai souvent cité ses *Mémoires* au commencement de ce chapitre, et vous avez vu qu'il s'était plaint avec emportement du régime sévère auquel il était soumis. Je crois qu'il a exagéré ; il a chargé les couleurs pour produire plus d'effet. Il était très ardent, très passionné ; il avait la dent chaude et la langue méchante ; c'est même pour cela qu'il avait été rayé du tableau des avocats par ses confrères qu'il avait insultés. Il ne faut donc avoir en lui qu'une demi confiance. Si sa chambre fut d'abord mal meublée, un peu plus tard le mobilier fut changé. Il avoue lui-même qu'il fut bien nourri. C'est déjà quelque chose. Il travailla à un ouvrage intitulé : *Procès des trois rois, Louis XIV, Charles III et Georges III*. Ce qui prouve qu'on lui laissa la liberté d'écrire. Croyons donc Linguet lorsqu'il fait la description générale de la Bastille, mais soyons circonspect quand il nous parle de la façon dont il y fut traité.

Douze ans plus tard Linguet attaqua la Révolution comme il avait attaqué l'ancien régime. Mais cette fois-ci il ne fut pas mis à la Bastille : il fut condamné à mort par le tribunal révolutionnaire et guillotiné. Ce jour-là il dut regretter le règne de Louis XVI !

Je signale enfin comme prisonniers de la Bastille, Cagliostro et Rohan enfermés en 1785, lors de l'*Affaire du collier*.

La fameuse prison n'avait plus alors de longues années à vivre. Elle avait amassé contre elle trop de haines, trop de colères. Le 14 juillet 1789 fut son dernier jour.

Je ne veux point ici conter la prise de la Bastille. Vous trouverez sur elle de merveilleuses pages enflammées dans l'*Histoire de la Révolution* de Michelet. Vous en aurez aussi un récit clair et mouvementé dans celle de Thiers.

Lorsque la vieille citadelle fut tombée entre les mains des assiégeants, ils parcoururent les prisons et les chambres avec une fièvre de curiosité. Ils ne trouvèrent dans les cachots que sept prisonniers car, depuis plusieurs années déjà, on abandonnait l'usage des lettres de cachet et on n'envoyait presque plus personne à la Bastille. Quatre de ces prisonniers étaient détenus pour falsification de lettres de change ; on ne leur avait pas fait leur procès ; ils avaient été injustement soustraits à la juridiction ordinaire, et on ne sut pas s'ils étaient vraiment coupables. Le cinquième prisonnier était le comte de Solages, enfermé depuis 1782, sur la demande de sa famille. Le sixième était un certain Tavernier, fils naturel de Pâris-Duverney, qui était là depuis 1759 ; enfin, le septième était un nommé de Whyte. Tavernier et de Wythe étaient devenus fous dans leur terrible prison, et il fallut les mettre à Charenton.

La délivrance de ces sept prisonniers avait coûté aux assiégeants quatre-vingt-quinze tués et soixante-treize blessés ! C'était beaucoup. La population parisienne s'était jetée sur la forteresse, sans réfléchir, dans un élan spontané et généreux, entraînée par un besoin et un idéal de justice. La Bastille était pour elle comme un grand symbole, le symbole de l'arbitraire, du bon plaisir, de la tyrannie capricieuse, inique et violente, de la *raison d'État.* En détruisant la citadelle aux noires murailles elle voulait détruire l'injustice à tout jamais, et elle croyait frapper au cœur même l'odieux despotisme. Ce fut un noble rêve. Malheureusement en brisant l'instrument de la tyrannie on ne tue pas la tyrannie elle-même, et elle sait se forger de nouvelles armes. On le vit bien plus tard, sous Napoléon, par exemple. Il n'y eut plus de lettres de cachet, mais il y eut encore, et pendant la Terreur et sous l'Empire, et même depuis, bien des gens emprisonnés arbitrairement, par nécessité politique, pour prétendus crimes envers l'État.

La prise de la Bastille fut surtout une grande manifestation ; le peuple de Paris attesta ainsi hautement, qu'il haïssait l'arbitraire et qu'il avait de fières aspirations à la liberté et à une justice idéale. Le Roi, la Cour, les gouvernants, virent qu'il était capable de viriles résolutions et avait une force avec laquelle il fallait compter. Ce fut là la véritable utilité de la prise de la Bastille. Quant aux lettres de cachet, même si la prison détestée n'eut pas été enlevée d'assaut, elles eussent été abolies alors : ainsi le voulait le progrès des mœurs

La Bastille fut rasée, détruite de fond en combles. Sur quelques-unes de ses pierres furent gravées quatre-vingt-trois effigies de la vieille forteresse, qu'on envoya dans les départements, comme un symbole d'émancipation et d'affranchissement. D'autres pierres furent employées à la construction du pont de la Concorde. Enfin on vendit un grand nombre de petits fragments de granit provenant des ruines, dont on fit des médaillons que portèrent les femmes. L'année suivante la municipalité de Paris organisa sur l'emplacement de la prison

d'État une fête patriotique, à laquelle furent conviés les
députés des départements.

Napoléon avait projeté de construire à cet endroit un

PLACE DE LA BASTILLE A PARIS.

Aujourd'hui une colonne de bronze sur-
montee du *Génie de la liberté* s'élève à la
place de la sombre prison de la Bastille.

gigantesque éléphant en bronze. On le fit d'abord en plâtre
et en bois. Victor Hugo nous le décrit dans des pages
bien joliment pittoresques de ses *Misérables*. C'est cette
bonne bête colossale qui servait de demeure au petit
Gavroche, ce type si vivant du gamin de Paris. Depuis longtemps l'éléphant a disparu : le vent, la pluie,

le temps et aussi le travail des légions de rats, qui avaient élu domicile dans ses larges flancs de doux géant, l'avaient démoli à moitié. La pioche des hommes fit le reste, et aujourd'hui une colonne en bronze, surmontée du *Génie de la Liberté*, s'élève à la place de la forteresse menaçante des rois Charles V et Charles VI.

CHAPITRE VII

L'ABBAYE

Vous connaissez l'église Saint-Germain-des-Prés,
située au commencement de la rue de Rennes et au coin
du boulevard Saint-Germain, un des plus vieux monu-
ments de Paris, qu'un Diderot en bronze regarde de
côté, du haut de son piédestal. Eh bien, il y avait
jadis là et tout alentour une très grosse et très puissante abbaye, dont voici l'origine.

Le Palais des Thermes, aujourd'hui Musée de Cluny,
était devenu, après l'occupation franque, la résidence
habituelle des rois mérovingiens. Autour du palais se
trouvaient d'immenses jardins qui s'étendaient jusqu'à
la Seine, allaient au delà de la rue Bonaparte actuelle.
L'évêque de Paris saint Germain décida le roi Childebert à abandonner la portion de ces jardins située à
l'angle occidental, sur l'emplacement d'un ancien temple
d'Isis, et à y élever une église, qui fut la basilique de
Saint-Vincent et Sainte-Croix. A en croire les chroniqueurs du temps, cette église était merveilleuse. Un

d'entre eux, un certain Gislemar, en vante avec un
enthousiasme très chaud, « les marbres précieux, les
lambris dorés dont la voûte était chargée, la beauté du
pavement de mosaïques, le toit recouvert de bronze
doré, et réfléchissant ainsi les rayons du soleil ».

En 558 l'évêque y établit des religieux, et un cer-

Intérieur du Palais des Thermes.

tain Droctovée en fut le premier abbé. La même année
Childebert mourut et fut enterré dans la basilique qu'il
avait élevée à grands frais. Elle servit dès lors de lieu
de sépulture aux Mérovingiens, jusqu'à ce que Dagobert
fondât Saint-Denis, au VII⁰ siècle, et on y inhuma
Caribert, Chilpéric, Frédégonde, Clotaire II, Childéric II.

Saint Germain y fut aussi enterré ; depuis ce temps
l'église de Saint-Vincent et Sainte-Croix prit son nom,
et l'ensemble des bâtiments, où vivaient les religieux,
s'appella : *L'abbaye de Saint-Germain-des-Prés.*

Childebert s'était montré prince généreux et avait bien
doté l'Abbaye. Il lui avait donné, tout alentour, des

champs, des prairies, des jardins et des vignes, qui, paraît-il, à cette époque produisaient d'excellent vin, de ce vin de Lutèce, dont, deux cents ans plus tôt, l'empereur Julien se montrait si friand. Après tout, il n'était peut-être pas bien difficile, car il me semble que ce vin de Lutèce ne devait guère être meilleur que l'aigre piquette d'Argenteuil ou de Suresnes ! En outre le roi franc avait donné à l'Abbaye l'immense fief d'Issy, qui s'étendait à l'ouest de Paris jusqu'au-delà de Meudon, puis le droit exclusif de pêche dans la Seine, et un chemin de six mètres de large sur chacune de ses rives, depuis le Petit-Pont — qui se trouve aujourd'hui au bout de la rue Saint-Jacques — jusqu'à Sèvres. Les successeurs de Childebert ne furent pas moins généreux, si bien qu'au commencement du IX⁰ siècle l'abbaye de Saint-Germain-des-Prés possédait 429 987 hectares, soit 345 464 en bois et 84 523 en terres labourées, vignes et prés ; 10 000 personnes vivaient sur ces domaines, et parmi elles un nombre considérable de serfs. Le revenu de toutes ces propriétés atteignait plusieurs millions.

Après leur grande époque de prospérité les abbés de Saint-Germain-des-Prés virent arriver les mauvais jours. En 845 les Normands envahirent Paris, saccagèrent la Cité et ses faubourgs, et se jetèrent sur l'Abbaye, qui était une proie riche et facile. Il la dévastèrent et partirent en emportant une grande partie des richesses qui y étaient accumulées. Douze ans après ils revinrent et Saint-Germain-des-Prés fut contraint de leur payer une forte rançon. Nouvelle invasion en 861, et cette fois l'Abbaye fut incendiée et détruite en partie. On la reconstruisit, et alors on l'entoura de murailles, mais ces damnés Normands, avides comme des oiseaux de proie, fondirent encore sur elle et la ruinèrent.

Vers l'an 1000, après tous ces malheurs, l'Abbaye fut complètement reconstruite. L'église actuelle n'est donc pas celle élevée par Childebert ; elle fut terminée vers 1114 et dédiée le 21 avril 1163 par le pape Alexandre III.

En 845, les Normands envahirent Paris.

On prétend toutefois que la grosse tour carrée qui lui sert de façade est, au moins jusqu'au clocher, bien antérieure à cette époque ; elle serait contemporaine des Carlovingiens, et aurait, comme par miracle, échappé aux incendies et aux diverses causes de destruction. Tout cela n'est pas très net, et il est impossible de donner une date précise. Tenez simplement pour certain que l'église actuelle de Saint-Germain-des-Prés a près de huit cents ans d'existence ; bien entendu elle a été souvent réparée.

A partir du XII° siècle l'Abbaye retrouve des jours heureux. Elle s'agrandit peu à peu, refait et grossit son tas de richesses. Elle a sous sa dépendance le domaine de Nesles, le Grand Pré-aux-Clercs, qui s'étendait jusqu'au Champ de Mars actuel, et le Petit Pré-aux-Clercs qui se trouvait où sont présentement les rues de Seine, Jacob, et Bonaparte. Au XIII' siècle les abbés bâtissent. De 1239 à 1250 on les voit commander à Pierre de Montereau, l'architecte de la Sainte-Chapelle, un réfectoire et une élégante chapelle de la Vierge, puis plus tard un vaste dortoir, et ils entourent tout cela d'une ceinture de murailles.

Au siècle suivant Charles V, qui avait maille à partir avec les Anglais, et se préoccupait de fortifier Paris, enjoignit aux religieux de Saint-Germain de rendre leur enceinte plus solide. On se mit à l'ouvrage immédiatement et bientôt s'élevèrent tout autour de l'Abbaye de hauts murs crénelés, épais, flanqués de trois grosses tours d'angle, et de deux tourelles qui entouraient une porte, dite la *porte papale* parce que le 21 avril 1163, jour de la dédicace de l'église, le pape Alexandre III y avait passé pour aller prêcher dans le Pré-aux-Clercs. Sur les murailles étaient des échauguettes, sortes de guérites dans lesquelles on plaçait des sentinelles. Du côté du sud s'ouvrait une large porte garnie de lourds piliers carrés et précédée d'un pont-levis, qui enjambait un large fossé. L'emplacement de l'enclos était limité par la rue Jacob actuelle, la rue Saint-Benoît, la rue de l'Échaudé-Saint-Germain, et la rue Gozlin.

Près de la grande porte d'entrée, sur la place Gozlin actuelle, s'élevait la prison du couvent, et à côté son pilori, sorte de lanterne de pierre, posée sur un soubassement et coiffée d'un toit en cône. Terrible prison

monacale, avec des cachots à dix mètres de profondeur,
rappelant 'les in-pace de l'Inquisition espagnole, aux
voûtes si basses que les prisonniers ne pouvaient se
tenir debout. D'ailleurs jusqu'à Charles IX les prisons
seigneuriales furent, à peu près partout, des souterrains
humides, enfouis sous les tours féodales. Les mœurs
s'adoucissant, l'ordonnance d'Orléans, de 1560, défendit
que les prisons des hauts-justiciers soient faites plus
bas que le rez-de-chaussée.

C'est que la puissante abbaye de Saint-Germain-des-
Prés avait un nombre considérable de justiciables : elle
avait le droit de haute et basse justice sur tout le faubourg Saint-Germain. Aujourd'hui nous nous faisons
difficilement l'idée de ces justices féodales; nous ne con-
naissons qu'une seule et même justice pour tous, celle
de l'État exercée par les Cours et Tribunaux. Mais, au
moyen âge, outre la justice royale, exercée au nom du
roi dans tout le royaume, il y avait les justices particulières des seigneurs, des évêques, des abbés, en un
mot de tous les possesseurs de fiefs. Ces seigneurs,
ces évêques, ces abbés, jugeaient tous les serfs et autres
qui vivaient sur leurs terres : ils pouvaient même les
condamner à mort, ils avaient le *droit de glaive*, celui
d'élever des fourches patibulaires, ces horribles gibets
à plusieurs piliers — trois piliers pour les châtelains,
quatre pour les barons, six pour les comtes — et naturellement le droit de priver le justiciable de sa liberté plus
ou moins longtemps. Pour exercer cette justice l'abbé
de Saint-Germain-des-Prés — comme tous les seigneurs
féodaux d'ailleurs — avait un bailli, un prévôt, des greffiers, des sergents, des geôliers, des gardes de prison,

chargés de protéger leurs droits seigneuriaux. Ils avaient
le droit de faire tenir des assises, de connaître des causes
d'appel, etc. Cette jurididiction était appelée l'*Officialité* :
l'*Official* était le juge ecclésiastique ; il jugeait les meur-
triers, les voleurs, les gens accusés d'hérésie, d'impiété,
de sacrilège, de sorcellerie, etc., tous ceux, en un mot,
qui, sur le territoire de l'Abbaye, se rendaient coupables
d'un crime ou d'un délit quelconque, soit de droit commun, soit religieux ; car à cette époque, notez-le bien, il
existait une foule de délits et de crimes contre la religion,
dont nous n'avons plus idée aujourd'hui, et c'était eux
que les juridictions ecclésiastiques punissaient avec le
plus de rigueur cruelle. Le fanatisme, l'intolérance, les
croyances étroites firent alors commettre aux juges tonsurés d'abominables crimes.

Ces moines féodaux étaient très jaloux de leurs droits
de haute et basse justice ; ils ne laissaient pas empiéter
sur eux. En voici un exemple. Un jour de Pâques, le
15 avril 1403, on prêchait dans le Pré-aux-Clercs.
Un clerc de Rouen se faufila dans la foule et coupa la
bourse d'un gentilhomme appelé Pierre de Soissons.
On saisit le voleur qui fut mis au Châtelet. L'évêque de Paris le réclama, parce qu'il appartenait à l'É-
glise. Immédiatement l'official de Saint-Germain-des-
Prés s'opposa à ce qu'il fût livré à l'évêque, et
demanda qu'il fût jugé par la cour de l'abbé, parce
que le délit avait été commis dans un lieu soumis à
sa juridiction. Il y avait conflit et personne ne voulait céder. L'affaire fut alors portée au Parlement et
par arrêt du 5 septembre il fut ordonné que le prisonnier serait remis entre les mains de l'official de

Saint-Germain des-Prés. Ce fut donc lui qui le jugea.

L'Abbaye avait des droits de voirie fort importants. « Il n'est loisible, dit un vieux cartulaire, à aucuns de ériger enseignes, auvents, sièges sur rue, barres devant les portes, planter pieux dans la rivière de Seyne, appartenant aux religieux, sans leur congé et mandement spécial, sur peine de confiscation et amende arbitraires... Les dits religieux ont toute visitation, amendes et confiscations, à cause de leur seigneurie et justice, sur toutes et chacunes les fausses mesures de blés, huiles, sel, aulnes, toises, poix, etc. Les dits religieux ont puissance de instituer Maistres-jurez, comme mesureurs de blé, sel, foin, chaulx, et généralement de toutes sortes de marchandises, sans que le roi, nostre sire, ses officiers ou autres, y puissent mettre empêchement. »

Voilà bien des droits et vous voyez que ces moines étaient maîtres absolus chez eux. L'Abbaye courbait sous son autorité une grande partie du faubourg Saint-Germain actuel. Et elle avait sa prison pour y enfermer les coupables, car tout seigneur ou abbé, ayant droit de justice, en possédait une.

A mesure que l'autorité royale grandit la puissance des seigneurs féodaux diminua ; ainsi, au XVIIe siècle, vers 1636, le couvent perdit son droit de haute justice sur ses terres ; il ne le conserva plus que dans son enclos. En même temps disparut son enceinte de murailles flanquées de tours, et le fossé fut comblé ; la féodalité s'en allait par lambeaux. L'abbaye de Saint-Germain conserva encore certains droits de justice, qui diminuèrent peu à peu avec le temps. Vous savez qu'en 1789 les justices seigneuriales, singulièrement réduites, n'étaient plus guère que des tribunaux de finances appartenant aux propriétaires de terres nobles.

Au XVIII⁰ siècle le cardinal de Furstenberg, qui était alors abbé de Saint-Germain, entreprit des travaux considérables, et embellit le palais abbatial. Comme l'argent manquait, on aliéna des terrains, on céda une partie de l'enclos, et c'est ainsi que furent ouvertes les rues de l'Abbaye, de Furstenberg et la rue Cardinale. Vous pouvez voir encore le palais abbatial rebâti par le cardinal de Furstenberg; c'est un long monument, construit en briques et en pierres, dont la façade rougeâtre donne rue de l'Abbaye, sur un des côtés de l'église. Je n'ai point à parler ici — car je ne fais pas l'histoire de l'Abbaye — du régime intérieur du monastère, des bénédictins qui l'occupaient, ni des travaux d'érudition auxquels ils se livraient, dans leur merveilleuse bibliothèque contenue dans une longue galerie de cinquante mètres de long, éclairée par onze fenêtres, si riche en volumes et en manuscrits de toutes sortes, bibliothèque qui fut malheureusement brûlée en 1794. N'avait-on pas eu l'imprudence d'installer auprès d'elle un magasin de salpêtre ? Le feu y prit, se communiqua à la bibliothèque, qui flamba comme paille sèche. On parvint cependant à sauver dix mille manuscrits, qu'on avait pu jeter dans les caves, et qui furent portés à la Bibliothèque nationale.

Lorsque le monastère perdit ses droits de justice, il céda sa prison à l'État, qui en fit une maison d'arrêt destinée aux militaires.

En 1789, dans les premiers temps de la Révolution, l'autorité militaire y enferma des gardes françaises peu

royalistes, qui avaient refusé de charger leurs armes.
Le 30 juin des partisans de la Révolution, réunis au
Palais-Royal, apprennent le fait. Aussitôt Loustalot, le
rédacteur de la *Revue de Paris*, monte sur une chaise,
raconte l'internement des soldats, et s'écrie : « A l'Abbaye ! » Puis il s'élance dans la direction de la prison;
on le suit et on délivre les prisonniers qui sont rame-
nés en triomphe au Palais-Royal.

Le 2 novembre 1789 la Constituante décréta que les
biens du clergé seraient mis à la disposition de la nation, à charge par elle de pourvoir aux frais du culte.
On s'empara alors de Saint-Germain-des-Prés, qui fut
vendu par l'État à la ville de Paris. L'église devint pa-
roissiale par la loi du 4 février 1791, puis fut fermée en
février 1792 ; à partir de cette date elle servit de lieu
de réunion pour les citoyens de la *Section de l'Unité*,
puis d'atelier par la fabrication de la poudre.

Quant à la prison monacale, elle devint prison politique, et on y enferma un nombre considérable de suspects. L'Abbaye est surtout célèbre à cette époque par
les massacres de septembre 1792. C'est là qu'ils commencèrent. Michelet nous conte que ce fut le quartier
général des massacreurs, d'où ils partirent pour les diverses prisons.

Le soir du 2 septembre, après une journée sanglante,
un tribunal sans mandat y fut subitement improvisé
pour rendre des semblants de jugements, enrayer les
massacres dans une certaine mesure, et leur donner une
vague apparence d'exécution d'arrêts judiciaires. L'or-
ganisateur de ce sombre tribunal révolutionnaire était
l'huissier Maillard, un fanatique ardent, d'aspect froid,

La Prison de l'Abbaye, le soir du 2 septembre 1792.

solennel, avec une face pâle, longue, lugubre, un air de
juge d'enfer, sorte de Rhadamante en habit noir râpé,
qui en imposait au peuple. Maillard, respectueux des
formes de la justice, composa un jury pris parmi les
gens du voisinage, s'en entoura, s'installa dans une des
salles de la prison et fit comparaître tous les prisonniers
les uns après les autres. En quelques minutes le farou-
che tribunal rendait son arrêt et prononçait l'acquitte-
ment ou la mort. Justice rapide, sommaire, sans examen
sérieux, sans garanties pour l'accusé, c'est-à-dire,
souveraine injustice !

Si l'austère Maillard déclarait le prisonnier innocent
et étendait sur lui sa large main protectrice, personne
n'osait le contredire. La populace, subjuguée, soumise,
s'écartait, et, dans une crise de sensibilité exaltée,
elle accompagnait jusqu'aux portes, avec de chaudes
félicitations et des cris de joie, le prisonnier délivré
qu'elle aurait peu auparavant massacré sans pitié. Maillard eut de ces phrases emphatiques qui en imposent aux
foules, par exemple : « Innocent ou coupable, je crois
qu'il serait indigne du peuple de tremper ses mains
dans le sang de ce vieillard. » Et c'est ainsi qu'il sauva
le vieux M. de Sombreuil. Il en sauva encore une
quarantaine, parmi lesquels le spirituel Cazotte. Notre
grand Michelet, dans son *Histoire de la Révolution*,
a écrit des pages colorées sur ce tribunal, ses arrêts,
et les horribles exécutions qui les suivaient.

Si le jury prononçait la mort le malheureux condamné était livré aux égorgeurs. Des misérables tuaient
dans la cour de la prison, à coups de sabres et de piques ;
le carnage les surexcitait, le sang les enivrait : c'étaient

des brutes déchaînées. Tous les instincts féroces, qui
dorment au fond de l'homme, s'étaient réveillés en eux.
Ils tuaient avec des rires, des clameurs de joie, des
plaisanteries cyniques. Le condamné était poussé hors
du tribunal dans la cour et venait tomber pour y mourir
sur un tas de vêtements rougis, gorgés de sang. La
cour, assez vaste, était entourée de barres et, à la nuit
tombante, éclairée par des torches et des lampions. Des
spectateurs, avides d'émotions violentes, de plaisirs
cruels, y accouraient en foule, comme à des arènes, et
applaudissaient bruyamment. Des femmes même, avec
des fureurs d'hystériques, des rires convulsifs, trépi-
gnaient, grisées par ces horribles spectacles, tandis que
les acteurs de la sanglante tragédie redoublaient d'ar-
deur, ne s'arrêtant que pour boire du vin et de l'eau-
de-vie, qui leur mettaient le feu dans les veines, la folie
au cerveau. Cela dura jusqu'au 4 septembre.

Voilà de quelles saturnales sanglantes fut témoin
la prison de l'Abbaye. Jadis elle avait vu les tortures
lentes et hypocrites, infligées par les moines. En septembre 1792 elle vit ces hideux massacres, œuvre
d'une populace trouble étrangement mêlée. Parmi les
massacreurs, en effet, il y avait d'abord des furieux qui,
profitant de l'anarchie dans laquelle Paris était plongé,
satisfaisaient leur instinctive férocité, leur besoin de
tuer et de détruire ; puis des gens affolés par les dangers
extérieurs et intérieurs ; une épouvantable panique
s'était emparée d'eux, dans les circonstances dramatiques où on se trouvait alors. « Nous ne voulons pas
que des scélérats tuent nos femmes et nos enfants,
criaient ceux qui devaient partir pour les armées, tandis

que nous irons nous battre à Verdun. » Et des êtres
crédules, . d'esprit obtus, envahis par cette crainte
irraisonnée, pris de vertige, étaient entraînés à la tuerie.
Enfin parmi les exécuteurs étaient de froids sectaires,
mus par un détestable fanatisme, qui croyaient sauver
la liberté et la Révolution. Ils en compromettaient la
cause bien plutôt ! Car, c'est en présence de pareilles
horreurs que certains esprits chagrins, pessimistes
ou passionnés, nient ce que le grand mouvement politique et social de la fin du siècle dernier a produit de
sain, d'utile, de fécond et de juste.

Après la tempête révolutionnaire la prison de l'Abbaye
redevint prison militaire jusqu'en 1854, époque à laquelle
elle fut démolie.

Le temps, les travaux de voirie, ont emporté petit
à petit tout l'ancien monastère. Le cloître, la chapelle
de la Vierge, le dortoir, la salle du chapitre, furent
successivement jetés bas ; il ne reste plus aujourd'hui
que la partie du palais abbatial datant du XVIII⁰ siècle,
puis la vieille et triste église, avec sa massive tour
carrée, qui a vu tant d'événements divers depuis
neuf cents ans, et semble regarder d'un œil morne
l'agitation et le va-et-vient modernes.

CHAPITRE VIII

LE FOR-L'ÉVÊQUE

Je viens de vous parler des justices féodales et des prisons que possédaient les seigneurs, qui avaient le droit de haute et basse justice. Le For-l'Évêque était, lui aussi, une prison féodale, appartenant à l'archevêque de Paris, qui avait des droits analogues à ceux de l'abbé de Saint-Germain-des-Prés. Il tenait jadis sous sa juridiction tous les serfs ou hommes libres, qui vivaient sur ses terres. Il avait même, comme seigneur temporel et spirituel, deux prisons, l'une située près de Notre-Dame, l'autre sise entre le quai et la rue Saint-Germain-l'Auxerrois, à peu près à l'endroit où se trouve aujourd'hui *La Belle Jardinière;* cette dernière était le For-l'Évêque. Ce For-l'Évêque était le siège de sa juridiction; son prévôt y rendait la justice en son nom; c'était le *forum episcopi,* d'où le nom *For-l'Evêque.*

Cet édifice avait été construit vers le XIIIᵉ siècle, sur l'emplacement d'une tour qui défendait le pont de bois bâti par Charles-le-Chauve en 861, à peu près où se trouve le Pont-Neuf aujourd'hui. Oubliettes, cachots, souterrains, loges voûtées, étroites et sans air et tout ce qui sert à torturer les pauvres justiciables, s'y trouvaient, naturellement.

Écoutez Germain Brice : « Les cachots du For-L'Évêque, nous dit-il, étaient pratiqués dans le fond d'une pièce souterraine et séparés l'un de l'autre par de forts madriers. Les prisonniers attachés à la même chaîne étaient retenus par des anneaux fichés dans le mur, de manière à ne pouvoir s'approcher. La seule ouverture par laquelle les vivres pussent être introduits dans chaque cachot, avait un pied et demi de hauteur sur cinq pouces de large. Le guichet par lequel on faisait descendre le prisonnier n'avait que trois pieds de haut. » C'était horrible.

La justice religieuse n'était pas tendre. Voltaire, au commencement de sa *Requête au roi en faveur des moines de Saint-Claude,* nous conte que les clercs-chanoines de Notre-Dame firent enfermer, en 1253, dans les prisons du For-l'Évêque les habitants mâles de Châtenay et d'Aulnay, près de Sceaux, sous prétexte que ces habitants leur avaient désobéi, et qu'ils étaient les serfs main-mortables du chapitre, qui avait sur eux droit de vie et de mort. Pour les faire lâcher leur proie il fallut l'intervention de la reine régente, Blanche de Castille, la mère de saint Louis. Et encore ils lui résistèrent et répondirent avec hauteur, lorsqu'elle les exhortait à user de modération, qu'il ne lui appartenait pas de mettre la main à l'encensoir. Ils redoublèrent même de rigueur et emprisonnèrent

les femmes et les filles avec leurs maris et leurs pères.
Blanche de Castille, indignée d'une pareille audace, vint
elle-même à la porte de la prison, la fit enfoncer, délivra les prisonniers et les affranchit pour toujours.

La justice ecclésiastique fut toujours plus dure, plus
cruelle, plus terrible encore que la justice laïque. Et
cela était si généralement connu qu'en 1384 un meur-
trier, que réclamaient pour le juger la juridiction de
l'évêque et celle du prévôt de Paris, demanda hautement celle du prévôt, aimant mieux être pendu par les
gens du roi que par ceux de l'évêque, qui certainement
lui auraient fait subir, avant la pendaison, une longue
et cruelle pénitence.

Le juge de l'évêque demeurait au For-l'Évêque. C'est
là qu'il prononçait ses terribles sentences. Dulaure
nous dit que les diverses peines infligées par lui étaient,
suivant la gravité du délit, subies dans des lieux différents. Si l'on pendait ou si l'on brûlait vif les condamnés l'exécution avait lieu hors la banlieue de Paris. Si
on leur faisait simplement couper les oreilles, la sentence était exécutée sur la place du Trahoir.

Les juges du For-l'Évêque condamnaient beaucoup
pour hérésie, magie, sorcellerie, idolâtrie. C'est ainsi
que, sous Charles VI, des moines augustins y furent
condamnés à la prison, sous l'accusation d'être *des
idolâtres, des invoqueurs d'ennemis, d'avoir prononcé
des paroles diffamables* et aussi *d'avoir fait un pacte
avec les puissances infernales.*

Le sorcier du château Landon fut enfermé au For-
l'Évêque. Il avait promis à un abbé de Citeaux de
retrouver, par un moyen merveilleux, une somme d'ar-

gent qu'on lui avait volée. Pour y réussir il fallait, disait-il, renfermer un chat noir dans un coffre et enfouir ce coffre au pied d'un arbre dans une forêt. Après trois jours on devait retirer le chat du coffre, l'écorcher et faire avec sa peau des lanières, puis, en les nouant ensemble, tracer avec elles un cercle, au milieu duquel pût tenir un homme. Cet homme devait alors appeler le démon Bérich, qui répondrait à toutes les questions, et dirait quels étaient les voleurs et où se trouvait l'argent volé. Il est certain que le sorcier du château Landon s'était purement et simplement moqué de l'abbé de Cîteaux. Les juges ecclésiastiques se montrèrent implacables, et le condamnèrent à mourir sur la place de Grève, ce qui fut fait. De plus, en l'attachant au poteau, le bourreau plaça sur sa tête une mitre avec une image de couleur *représentant le mystère de son maléfice*.

Un peu plus tard, les juges du For-l'Évêque firent jeter au fond d'une oubliette un malheureux fou qui se prétendait l'envoyé de Dieu.

Au XIVe siècle Hugues Aubriot, le prévôt de Paris, fut enfermé dans la noire prison. C'était une vengeance ecclésiastique. On l'accusait d'avoir sauvé des juifs en leur donnant asile au Grand-Châtelet. D'un autre côté, l'Université le détestait, depuis qu'il avait destiné aux écoliers récalcitrants les cachots du Petit-Châtelet ; dans cette circonstance elle prêta son appui à l'Église. La juridiction ecclésiastique le condamna pour crime d'impiété et d'hérésie a être *prêché et mitré publiquement* au parvis Notre-Dame. « Là, dit un moine de Saint-Denis, auteur de la vie de Charles VI, il demanda, à genoux,

l'absolution à l'évêque, promettant de satisfaire aux of-
frandes de cierges, qui lui seraient imposées, en expiation de ce qu'il avait rendu aux Juifs leurs enfants
baptisés. Après lecture faite de ses crimes par l'inqui-
siteur de la foi, l'évêque lui infligea une pénitence perpétuelle, le pain de tristesse et l'eau de douleur, comme
à un fauteur de l'infidélité judaïque et à un contempteur
de la religion. »

Cette dure sentence fut exécutée et Hugues Aubriot,
l'ancien prévôt de Paris, fut mis en un cachot du For-
l'Évêque. Au bout d'un certain temps il fut délivré par
le peuple qui brisa les portes de sa prison, et il devint
le chef de l'insurrection des *Maillotins*, qui rendirent la
liberté à un grand nombre de prisonniers.

Au XVᵉ siècle, en 1431, un clerc de la basoche avait
joué dans une *moralité* qu'on représentait près de la
porte du Châtelet. Il s'était permis d'ajouter à son rôle
quelques épigrammes contre le clergé. Il fut pris, jeté
dans les prisons du For-l'Évêque, et assommé par un
geôlier à coups de crucifix.

Au siècle suivant, sous François Iᵉʳ, plusieurs infortunés furent mis dans les oubliettes de la funèbre prison ecclésiastique pour avoir cru en Dieu sans croire à
l'infaillibilité du pape.

Il est inutile de multiplier les exemples. Ainsi, vous
le voyez, on était jeté au For-l'Évêque, à ces sombres
époques, non seulement pour crimes ordinaires, assassinats, vols, etc., mais encore pour crimes contre la religion, hérésie, magie, sorcellerie.

Le For-l'Évêque existait depuis plus de 400 ans, et le
temps l'avait sali, délabré, rendu plus sombre encore

qu'il ne l'était naturellement, lorsqu'en 1652, l'archevêque de Paris J. F. Paul de Gondi, le trop fameux cardinal de Retz, le fit reconstruire presqu'en entier. Vingt-deux ans plus tard, en 1674, un édit royal supprima toutes les justices particulières et les remit au Châtelet. Le For-l'Évêque cessa alors de faire partie du domaine archiépiscopal, il devint une façon de succursale des prisons du Châtelet, et reçut les détenus pour dettes, les fils de famille de vie dissipée, et les comédiens indociles aux ordres du gentilhomme de la Chambre ou impolis envers le public, qu'on enfermait là, sans jugement et d'une façon absolument arbitraire.

C'est au For-l'Évêque, qu'en plein XVIIIe siècle, Mlle Clairon, Lekain, Molé, la plus grande partie de la troupe de la Comédie française, furent emprisonnés pour n'avoir pas voulu jouer *le Siège de Calais*, et sous prétexte qu'ils avaient manqué de respect au public. Voici l'affaire, qui fit grand tapage en son temps.

Il y avait à la Comédie un médiocre acteur nommé Dubois, qui jouait les confidents de tragédie et les valets. Ce Dubois avait la réputation d'être quelque peu escroc et fripon. Un jour il fut malade, réclama les soins d'un chirurgien, et, comme dit spirituellement Grimm, dans sa *Correspondance*, « il oublia d'abord de le payer... et il finit enfin par oublier qu'il ne l'avait pas payé ». Le chirurgien réclama et cita Dubois en justice. Le confident des rois, des princes, des grands de la terre, jura solennellement qu'il avait payé, et un de ses camarades, Blainville, vint témoigner qu'il disait vrai. Le procureur du chirurgien répondit par un mémoire vengeur, dans lequel il soutint que « ni le serment du sieur Dubois ni celui du sieur Blainville n'étaient recevables en justice, attendu qu'ils exerçaient tous deux un métier infâme ». La Comédie poussa les hauts cris, voulut prendre fait et cause pour Dubois et Blainville, mais... il fallut se rendre à l'évidence et reconnaître que les deux confidents tragiques n'étaient que des fripons. Alors les comédiens payèrent le chirurgien et rayèrent immédiatement le Dubois et le Blainville du tableau de la Comédie.

Dubois avait une fille ; elle s'en alla intriguer auprès des gentilshommes de la Chambre du roi, qui avaient, à cette époque, la haute main sur les comédiens ordinaires de Sa Majesté. Elle sait les intéresser au sort de son père et ils envoient à la Comédie l'ordre de jouer *le Siège de Calais*, une tragédie de de Belloy, *avec le sieur Dubois*, qui y remplissait je ne sais quel rôle. Fureur des comédiens, qui déclarent hautement que jamais ils ne joueront avec un fripon. Mlle Clairon était, dit-on, à la tête de la conspiration. Un peu avant d'entrer en scène elle se prétend malade et se met au lit. Lekain et Molé disparaissent. Les spectateurs sont entrés et la toile se lève. Un acteur nommé Bouret s'avance et fait une annonce :

— Messieurs, dit-il, nous sommes au désespoir de ne pouvoir donner *le Siège de Calais...*

— Pas de désespoir ! hurle le parterre. *Le Siège de Calais* et Dubois !

La salle entière se joint au parterre. On crie, on siffle, le tumulte devient épouvantable. On entend des insultes qui s'entrecroisent : « Les comédiens sont des insolents ! Au cachot ! A l'Hôpital la Clairon ! Au cachot tous ces coquins ! » Au milieu de ce brouhaha de colère on baisse la toile et on rend l'argent. La nouvelle se répand bientôt de tous côtés, Paris s'enflamme et se prononce contre les comédiens. C'est alors que les gentilshommes de la Chambre prennent la résolution de jeter en prison tous ces acteurs récalcitrants, et ils font conduire au For-l'Evêque Mlle Clairon, Lekain, Molé, Brizard, Dauberval, etc.

Cependant beaucoup de personnes, surtout parmi la noblesse, avaient pris parti pour les comédiens. C'est ainsi que Mme de Sauvigny, femme de l'intendant de Paris, conduisit Mlle Clairon en prison dans sa voiture et la mit sur ses genoux pour mieux marquer aux yeux de tous l'intérêt qu'elle portait à l'actrice. Une fois au For-l'Evêque, la fameuse comédienne reçut un grand nombre de visites ; il paraît que tout le quai était rempli de carrosses du matin au soir.

Mlle Clairon ne resta pas longtemps emprisonnée. Elle était entrée au For-l'Evêque le 16 avril (1765), elle en sortit le 21, à 9 heures du soir. Son indisposition avait augmenté, c'est pourquoi on lui permit de rentrer chez elle, à condition qu'elle ne recevrait pas la visite de ses camarades et qu'elle ne verrait que quelques amis intimes. Elle fut en quelque sorte aux arrêts, dans sa propre maison.

Quant à Lekain, Molé et les autres, ils restèrent un mois au For-l'Evêque. On les faisait sortir pour aller jouer leurs rôles, ensuite on les reconduisait en prison. Mais on ne représenta toujours pas *le Siège de Calais*, car de Belloy avait retiré sa tragédie le lendemain de la bagarre. Enfin on rendit les comédiens à la liberté, et, somme toute, ce furent eux qui l'emportèrent, puisque l'indigne Dubois fut chassé et ne reparut pas à la Comédie.

Singulières mœurs, bien éloignées de nos mœurs actuelles ! Les gentilshommes de la cour, qui avaient

Mme de Sauvigny conduisit Mlle Clairon au For-l'Évêque dans sa voiture.

maintenu Dubois malgré ses friponneries dans les cadres de la Comédie, avaient eu les premiers torts. Je comprends la colère des comédiens. Avec plus de prudence et de modération les choses auraient pu s'arranger. Mlle Clairon et ses camarades auraient pu jouer en compagnie de ce Dubois, tout en le mettant à l'index et en lui tournant le dos dans la vie ordinaire. Mais il faut avouer que le public fut d'une incroyable violence à l'égard des acteurs. L'exempt même qui vint arrêter Mlle Clairon se crut le droit

d'être spirituellement insolent. L'actrice, comme il lui
montrait l'ordre royal, lui dit avec un geste de reine :

— Le roi peut tout sur ma liberté, mais il ne peut
rien sur mon honneur.

— Mademoiselle, vous avez raison : où il n'y a rien,
le roi perd ses droits, répondit l'exempt.

Cette rébellion de comédiens qui se mettent en
grève nous semble aujourd'hui bien étrange et cette
incarcération d'un mois bien dure et singulièrement
arbitraire. Mais, au XVIII° siècle, où les acteurs ne
jouissaient d'aucune considération aux yeux de la
grande majorité du public pleine de préjugés étroits,
cela semblait la chose la plus naturelle du monde.
Cependant des esprits distingués protestèrent, Grimm
et Voltaire entre autres. Voltaire conseilla à Mlle Clairon
de ne pas remonter sur la scène. « Si Mlle Clairon remonte sur le théâtre comme un esclave qu'on fait danser
avec ses fers, écrivait-il, elle perd toute sa considération. J'attends d'elle une fermeté qui lui fera autant
d'honneur que ses talents et qui fera une époque mémo-
rable. » Mlle Clairon, qui avait l'âme haute et fière et
souffrait de la condition humiliée des comédiens, des
affronts qu'on leur faisait subir, écouta le conseil de
Voltaire et résolut de se retirer. Elle alla d'abord à
Ferney visiter le grand homme ; puis elle revint à Paris,
fortifiée dans sa résolution, annonça son intention de
quitter le théâtre et se retira définitivement l'année suivante, à l'âge de quarante-deux ans, à l'apogée de la gloire
et du talent. Voilà ce que les gentilshommes de la
chambre et le public y gagnèrent ! Voltaire à ce propos
écrivait à la comtesse d'Argental : « Je ne puis blâmer

une actrice qui aime mieux renoncer à son art que de l'exercer avec honte. De mille absurdités, qui m'ont révolté depuis cinquante ans, une des plus monstrueuses est de déclarer infâmes ceux qui récitent de beaux vers par ordre du roi. Pauvre nation qui n'existe actuellement dans l'Europe que par les beaux-arts et qui cherche à les déshonorer ! »

J'ai peut-être trop insisté sur cette arrestation brutale des comédiens en 1765 et sur cet emprisonnement injuste, mais c'est un fait curieux qui caractérise bien une époque où fleurissaient le bon plaisir capricieux et le dédain de la liberté humaine.

N'allez pas croire surtout que Lekain, Molé, Brizard et la Clairon furent enfouis dans les sombres cachots dont je parlais plus haut. Non ! On leur avait donné des chambres assez convenables, suffisamment grandes et bien aménagées pour qu'ils pussent recevoir leurs amis.

C'était dans ces chambres aussi qu'on enfermait les fils de famille dissipateurs. Mais les véritables prisonniers, ceux qui étaient incarcérés pour un crime ou un délit, croupissaient encore dans des loges infectes. Le For-l'Évêque, même à cette époque, était une horrible prison. Jugez-en par la description que nous en fait un magistrat du XVIIIᵉ siècle :

« Le For-l'Évêque, dit-il, peut offrir 40 à 50 pieds de profondeur (ce qui fait une quinzaine de mètres), sur à peu près 30 de largeur, encore cette largeur n'est-elle pas égale dans toutes ses parties : celle qui donne sur le quai n'a guère que 15 à 20 pieds. La cour au préau n'a que 30 pieds de long (9 mètres à peu près) sur 18 de large (pas tout à fait 6 mètres), et c'est dans cet espace qu'on

renferme quatre à cinq cents prisonniers. Cette prison se
trouve d'ailleurs dominée par des bâtiments d'une hauteur considérable, qui ne permettent pas à l'air d'y circuler. De là des miasmes causés par la réunion d'un
grand nombre d'individus. Les cellules destinées aux
malheureux, qui n'ont aucune faculté (lisez : qui ne peuvent verser aucune somme entre les mains de leur geôlier), sont plutôt des trous que des logements. Celles qui
sont sous les marches de l'escalier ont six pieds carrés
(à peu près deux mètres) : on y place cinq prisonniers. Les
autres, où l'on peut à peine se tenir debout, ne reçoivent
d'autre jour que celui de la cour. Une odeur infecte les
rend horribles. Les chambres qu'on appelle *la pistole*
sont aussi trop petites. Mais ce qu'il est impossible de
voir sans pitié ce sont les cachots souterrains. Ces cachots
sont au niveau de la rivière ; la seule épaisseur des murs
les garantit de l'inondation et toute l'année l'eau filtre à
travers les voûtes. Là, sont pratiqués des réceptacles de
cinq pieds de large sur six pieds de long, dans lesquels
on ne peut entrer qu'en rampant, et où l'on renferme
jusqu'à cinq détenus. Même en été l'air n'y pénètre que
par une petite ouverture de trois pouces, percée au-dessus
de l'entrée. Ces cachots, n'ayant de sorties que sur les
étroites galeries qui les environnent, ne reçoivent pas
plus de jour que ces souterrains, où l'on n'aperçoit aucun
soupirail. En général tout le bâtiment est dans un état
de délabrement et de vétusté qui menace d'une ruine pro-
chaine. »

Voilà ce qu'était cette vieille, sombre et triste prison,
vers le dernier tiers du XVIIIe siècle. Les mœurs, sous
Louis XVI, s'adoucissaient ; on commençait à devenir

moins féroce pour les prisonniers ; le droit pénal était
moins draconien et moins barbare. Necker qui était alors
ministre, engagea le roi à supprimer le For-l'Évêque, et
aussi le Petit-Châtelet, qui tous deux étaient devenus
intolérables. Une ordonnance royale du 30 août 1780
édicta que ces prisons seraient fermées et les détenus
transférés à l'Hôtel de la Force. Le For-l'Évêque,
dans les cachots duquel tant de malheureux avaient été
enfouis, surtout pendant qu'il était possédé par l'Église,
ne reçut plus de prisonniers à partir de cette époque,
mais il ne fut démoli que vingt ans après.

CHAPITRE IX

BICÊTRE

Entre Gentilly et Villejuif, au sud de Paris, il y avait au commencement du XIIIe siècle, une grande métairie appelée La Grange aux queux (cuisiniers), qui appartenait au Chapitre de Notre-Dame. En 1204 un prêtre anglais, Jean, évêque de Wincester, qui résidait à la cour de Philippe-Auguste, acheta cette vieille ferme et bâtit sur son emplacement un manoir de plaisance. En 1290 Philippe-le-Bel, qui cherchait toujours à se procurer de l'argent par tous les moyens possibles et pratiquait trop aisément les confiscations arbitraires, s'empara de ce domaine.

Pendant une centaine d'années les rois de France séjournèrent volontiers de temps à autre au manoir de Wincester. A la fin du XIVe siècle, le duc de Berry, oncle de Charles VI, l'acheta, le démolit en partie, et édifia un merveilleux château gothique, tout hérissé de tours et de clochetons, avec de grandes girouettes blasonnées qui tournaient au vent ; le vieux logis de l'évêque anglais devint une fastueuse demeure princière, peuplée de' statues, de meubles artistiques, toute pleine de mosaïques, de tableaux, d'étoffes précieuses et de fresques qui recouvraient les murs.

La sanglante querelle des Armagnacs et des Bourguignons lui fut fatale, hélas ! Le duc de Berry tenait pour la faction des Armagnacs, et son donjon, qui dominait Paris, inquiétait les Bourguignons. Un beau soir de l'année 1411 ces terribles bouchers, qui étaient partisans de la faction Bourguignonne, sortirent de Paris en troupe nombreuse, se ruèrent comme des furieux sur le château du duc, brisèrent ses portes, le pillèrent avec frénésie et l'incendièrent. Le feu dévora tout; il ne resta que les murailles et deux chambres décorées de mosaïques, tristes ruines que l'oncle de Charles VI donna au Chapitre de Notre-Dame.

Ce Chapitre de Notre-Dame ne s'occupa point d'entretenir et de préserver les restes de ce pauvre castel, qui devint bientôt un refuge assuré pour les voleurs, les bandits, les détrousseurs et les malandrins de toute espèce, qui exploitaient les environs de Paris de ce côté. Tous ces parages eurent vite une déplorable réputation : c'étaient d'effroyables lieux fréquentés, selon les croyances populaires, par des sorciers, des loups-garous et le terrible *Diable Vauvert*. On ne s'y hasardait guère et le mot *Bissestre*, qui était une corruption de Wincester, signifia tout à la fois un malheur, un diable et un homme capable de faire toutes sortes de vilains coups, vieux terme de la langue populaire, que Molière lui a emprunté et dont il s'est servi dans l'*Étourdi*, si je ne me trompe. De temps en temps on

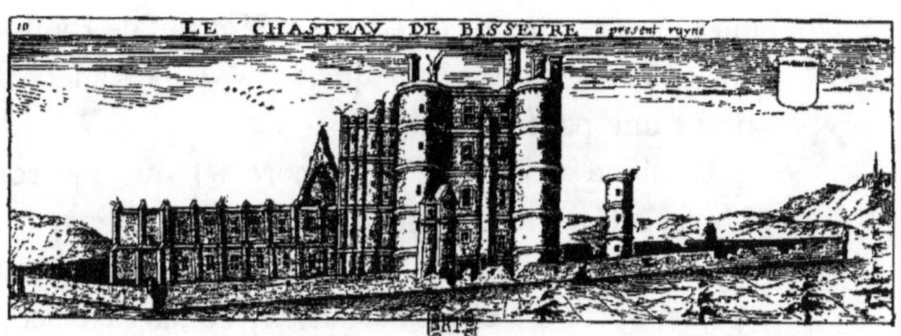

Ancienne vue d'après la *Topographie de Châtillon* (1611).

faisait quelque expédition de ce côté, une rafle comme
on dit aujourd'hui ; en 1519 on fut même contraint de
livrer assaut à ces vieilles ruines, tant l'audace des
bandits nombreux qui les occupaient était grande. On
les nettoya de leurs méchants hôtes, mais elles ne furent
pas longues à se repeupler.

En 1632 Bicêtre revint au roi Louis XIII. Richelieu
rasa complètement ce qui restait encore debout et fit
construire un vaste hôpital destiné aux soldats infirmes
et aux officiers devenus invalides ; en 1634 il fut ouvert
sous le nom de *Commanderie de Saint-Louis*. Quelques années plus tard, en 1648, Vincent de Paul y logea
des enfants trouvés, auxquels les vieux soldats blessés
firent une petite place.

L'édifice principal est encore tel que l'a construit
Louis XIII, vaste bâtiment lourd, monotone, avec ses
cinq étages criblés de fenêtres et son grand toit d'ardoises, sorte de château massif, solide, d'aspect triste
et froid. Quant au riche manoir du duc de Berry on
n'en retrouve plus que quelques traces effacées, dans
les caves et les souterrains, quelques piliers, quelques
colonnes, quelques fragments d'ogives, un bout de
vieux mur noirci par l'incendie de 1411. Autour de ce
bâtiment principal beaucoup de contructions ont été
élevées à diverses époques, suivant les besoins, de telle
sorte que le Bicêtre actuel est une véritable petite ville.

En 1670 Louis XIV construisit *les Invalides* et c'est
alors que Bicêtre changea complètement de destination.
Il devint à la fois un hospice, un hôpital et une prison,
en réalité un hideux réceptacle de tous les vices, de
tous les crimes, de toutes les misères physiques et

morales ; on y entassa pêle-mêlé, dans une épouvantable confusion, des mendiants, des vagabonds, des jeunes voleurs, des estropiés, des fils de famille débauchés, des gens atteints de maladies honteuses, des criminels, des fous, et aussi des infortunés, purs de tout crime, qui avaient le malheur de déplaire au Pouvoir et qu'on emprisonnait contre tout droit en vertu d'une odieuse lettre de cachet ou d'un ordre quelconque du roi. Plus d'un innocent a été ainsi enterré vivant dans quelque cabanon, a vécu de longues années de désespoir et est mort dans le marasme, l'idiotisme ou la folie ! On ne les élargissait jamais, selon le mot de Michelet, justement parce qu'on ne savait pas pourquoi ils y étaient entrés. Cet affreux Bicêtre était bien, comme on l'a dit, la Bastille de la canaille et de la bourgeoisie.

Ajoutez à cela qu'on mettait encore dans cet enfer des enfants en correction, souvent pour une peccadille insignifiante. Écoutez Michelet : « Ils étaient traités cruellement, battus tous les jours. La plupart n'étaient là que pour des délits bien légers ; plusieurs n'avaient d'autres crimes que d'avoir des parents très durs, une mauvaise belle-mère, que sais-je ? D'autres qui étaient orphelins apprentis, petits domestiques, avaient été jetés là sur un simple mot de leurs maîtres. On préférait ces orphelins pour le service domestique, parce qu'on les traitait absolument comme on voulait. Un grand seigneur qui ne trouvait pas son jockey assez docile le brisait d'un mot « *Bicêtre !* ». Aux colonies, dans les plantations, on entend les coups, les cris et les fouets : le maître participe au supplice par la peine de l'entendre. Les voluptueux hôtels de Paris n'enten-

daient rien de semblable. Le maître épargnait ses
mains et sa sensibilité : il envoyait l'enfant à la correction. Ce qu'il y endurait de la part de ces démons, les
murs seuls l'ont su. Si on daignait le retirer, il revenait
dompté, tremblant, le cœur bas, menteur et flatteur,
prêt à tous les caprices honteux. » Et on avait la pré-
tention de *corriger* ainsi d'infortunés petits êtres, par
un pareil système, dans cette écœurante promiscuité !
C'était folie cruelle, barbare.

Aussi Bicêtre était-il regardé comme un lieu d'épouvante et d'horreur, qui glaçait les cœurs d'effroi. Le
peuple croyait que le démon était intervenu lors de sa
fondation ; une légende racontait que le diable, une belle
nuit, avait amené sur le plateau de Bicêtre un pauvre,
un fou et un prisonnier, attachés, rivés aux anneaux de
la même chaîne, et que ces trois malheureux avaient
inauguré l'hôpital-prison à la grande joie de Satan

Le régime, auquel étaient soumis les malades, était
odieux. Dans son *Tableau de Paris* Mercier nous conte
que « la salle dite Saint-François renfermait un air, qui
par sa puanteur faisait tomber évanoui et suffoquait le
plus charitable et le plus intrépide visiteur. » Mme Necker,
paraît-il, en visitant l'hôpital vit six malheureux couchés
dans le même lit, au milieu de leurs excréments, se com-
muniquant le germe de leur maladie. Émue de pitié elle
mit toute son influence en œuvre, et elle obtint qu'on ne
coucherait plus que deux malades ensemble, avec une séparation de bois au milieu. Et dire que cela était, à cette
époque, un progrès presqu'inespéré ! Dire qu'il n'aurait
probablement pas encore été réalisé sans la venue for-
tuite d'une femme de cœur, puissante à la cour ! Mercier

ajoute un peu plus loin : « Il était une salle affreuse où cinq ou six cents hommes mêlés ensemble s'infectaient mutuellement de leur haleine et de leurs vices, où le désespoir sourd aigrissait sans cesse des caractères furieux. On n'y pouvait entrer pour leur porter des aliments que la baïonnette au bout du fusil : c'était bien le lieu le plus abominable le plus pervers, le plus corrompu qui existât. » Et notez qu'il écrit cela en 1788, c'est-à-dire à une époque où les mœurs s'adoucissaient, où on avait déjà tenté quelque peu d'améliorer les prisons. Qu'était-ce donc soixante ans plus tôt, avant la venue des philosophes, et la belle poussée d'idées humanitaires et généreuses ?

C'était alors le temps où il était de règle que les pauvres, qui ne pouvaient payer une pension annuelle de cent cinquante livres pour un lit, eussent un seul lit pour huit ; ils se divisaient en deux escouades de quatre personnes chacune ; la première dormait de huit heures du soir à une heure, la seconde de une heure à six heures du matin. C'était le temps où les fous furieux hurlaient, comme des damnés aux enfers, dans des loges étroites. C'était le temps où on prétendait guérir les malades en les fustigeant. C'était le temps où on confondait les sexes et les infirmités, où on enfermait pêle-mêle les épileptiques, les enfants, les aliénés, les vieillards délabrés par l'existence, les incurables de toute espèce ! Mais je ne veux point insister sur Bicêtre-Hôpital : il me faut parler surtout de Bicêtre-Prison.

On y mettait, comme je l'ai indiqué plus haut, des criminels de toutes sortes, des gens condamnés à mort, ou encore des galériens, qui attendaient le départ de la chaîne pour le bagne. Jusqu'en 1836, époque à laquelle a été

construite la Roquette, Bicêtre a donné asile aux condamnés à mort et aussi aux galériens. Des curieux allaient quelquefois assister au *ferrage* de ces malheureux,
qu'on rivait à la chaîne pour les expédier à Brest, à
Rochefort, ou à Toulon. Victor-Hugo a écrit là-dessus,
dans *Le dernier jour d'un condamné* de merveilleuses
pages pleines de relief et de couleur. Il nous montre les
prisonniers, leurs faces hâves collées à des fenêtres grillées, qui donnent sur une cour carrée assez vaste « et
autour de laquelle s'élève des quatre côtés, comme une
muraille, un grand bâtiment en pierre de taille à six étages ». C'est dans cette cour, pareille au fond d'un puits,
qu'on amène les forçats. « Midi sonna. Une grande porte
cochère, cachée sous un enfoncement, s'ouvrit brusquement. Une charrette escortée d'espèces de soldats sales
et honteux, en uniformes bleus, à épaulettes rouges et à
bandoulières jaunes, entra lourdement dans la cour avec
un bruit de ferraille. C'était la chiourme et les chaînes....
Les argousins se mirent tranquillement à leur besogne.
L'un d'eux monta sur la charrette, et jeta à ses camarades les chaînes, les colliers de voyage, et les liasses de
pantalons de toile. Alors ils se dépecèrent le travail ; les
uns allèrent étendre dans un coin de la cour les longues
chaînes qu'ils nommaient dans leur argot les ficelles, les
autres déployèrent sur le pavé les taffetas, les chemises
et les pantalons ; tandis que les plus sagaces examinaient
un à un, sous l'œil de leur capitaine, petit vieillard trapu,
les carcans de fer, qu'ils éprouvaient ensuite en les faisant
étinceler sur le pavé..... Quand ces apprêts furent terminés, un monsieur brodé en argent, qu'on appelait
monsieur l'inspecteur, donna un ordre au directeur de la

prison, et, un moment après, voilà que deux ou trois
portes basses vomirent presqu'en même temps, et comme
par bouffées, dans la cour, des nuées d'hommes hideux,

Des curieux allaient quelquefois assister au ferrage des forçats.

hurlants et déguenillés. C'étaient les forçats........ A
mesure qu'ils arrivaient on les poussait entre deux haies
de gardes-chiourme, dans la petite cour grillée, où la
visite des médecins les attendait... Un gardien fit l'appel
par ordre alphabétique ; et alors ils sortirent un à un et
chaque forçat s'alla ranger debout dans un coin de la

grande cour, près d'un compagnon donné par le hasard
de sa lettre initiale.... Quand il y en eut à peu près une
trentaine de sortis, un argousin les aligna avec son
bâton, jeta devant chacun d'eux une chemise, une veste,
et un pantalon de grosse toile, puis fit un signe et tous
commencèrent à se déshabiller. »

Juste à ce moment la pluie, une pluie froide d'octobre,
se met à tomber, mouille les malheureux, sans abri et
sans vêtement. V. Hugo continue : « Ils grelottaient,
leurs dents claquaient ; leurs jambes maigries, leurs genoux noueux s'entre-choquaient ; et c'était pitié de les voir
appliquer sur leurs membres bleus ces chemises trem-
pées, ces vestes, ces pantalons dégouttants de pluie.....
Quand ils eurent revêtu les habits de route, on les mena
par bandes de vingt ou trente à l'autre coin du préau, où
les cordons allongés à terre les attendaient. Les cordons
sont de longues et fortes chaînes coupées transversale-
ment de deux en deux pieds par d'autres chaînes plus
courtes, à l'extrémité desquelles se rattache un carcan
carré, qui s'ouvre au moyen d'une charnière pratiquée à
l'un des angles et se ferme à l'angle opposé par un bou-
lon de fer, rivé pour tout le voyage sur le cou du galé-
rien... On fit asseoir les galériens dans la boue, sur les
pavés inondés ; on leur essaya des colliers ; puis deux
forgerons de la chiourme, armés d'enclumes portatives,
les leur rivèrent à froid à grands coups de masses de fer.
C'est un moment affreux, où les plus hardis pâlissent.
Chaque coup de marteau, asséné sur l'enclume appuyée
à leur dos, fait rebondir le menton du patient ; le moindre mouvement d'avant en arrière lui ferait sauter le
crâne comme une coquille de noix. Après cette opération

ces forçats devinrent sombres. On n'entendait plus que le grelottement des chaînes et par intervalles un cri et un bruit sourd du bâton des gardes-chiourme sur les membres récalcitrants. Il y en eut qui pleurèrent ; les vieux frissonnaient et se mordaient les lèvres….. » Cette brutalité des gardes-chiourme, ces coups de bâton qui pleuvent sur des êtres humains, ces carcans étroits qui étreignent le cou, cet odieux ferrage, tout cela est abominable. Et cela se passe vers 1828, au XIX° siècle, jugez par là de ce que cela devait être sous l'ancien régime. Notre droit pénal a encore bien des progrès à faire certes, mais heureusement il n'en est plus là !

Il y avait à Bicêtre des cabanons et des cachots souterrains. Les cabanons étaient des cellules étroites et sombres, où le prisonnier vivait solitaire, en tête à tête avec Dieu et sa conscience, comme on disait, n'entendant aucun bruit du dehors, plongé dans un mortel silence : c'était le régime cellulaire, que l'on applique aujourd'hui dans beaucoup de prisons, mais un régime plus dur, plus brutal, plus cruel, plus absolu, sans promenades ; une existence à rendre fous les plus solides, les plus trempés, dans une cellule sale, malsaine, où on ne respirait qu'un peu d'air méphitique, alourdi de miasmes.

Quant aux cachots ils étaient creusés dans la terre. Il y avait un long souterrain, divisé en étroits compartiments, fermés de portes ferrées ; un petit soupirail percé dans la voûte y laissait passer un jour douteux, une lueur vague ; dans la galerie, où s'ouvraient les portes, se tenaient les sentinelles ; donc pas moyen de s'échapper de ce tombeau où on était enterré vivant ; d'ailleurs, pour plus de sûreté, une chaîne scellée dans le mur, à l'intérieur du cachot, tenait le prisonnier, l'empêchait presque de bouger. Au XVIII° siècle un certain Du Châtelet qui dénonça Cartouche et facilita son arrestation, passa quarante-trois ans dans un de ces souterrains, attaché par quatre chaînes rivées aux murs. C'est à n'y pas croire. Comment un homme a-t-il pu résister à de pareils traitements ? Il lui fallait pour vivre ainsi, pendant un tel espace de temps, une force, une robustesse de tempérament exceptionnelles. Souvent Du Châtelet était oppressé par l'air irrespirable, il sentait ses forces s'en aller, sa vie s'éteindre ; alors il contrefaisait la mort ; on le plaçait sur un brancard et on le portait à la salle du repos. Pendant le trajet il respirait à pleins poumons, se gorgeait d'air frais, et reprenait ainsi un peu de force, pour continuer sa misérable existence. Naturellement on découvrait la supercherie et on le réintégrait dans son cachot. Il paraît qu'on fut pris plusieurs fois à cette ruse, aussi, lorsqu'il mourut réellement, on ne crut point à son décès et on le laissa à sa chaîne, jusqu'à ce que son corps fut en décomposition.

En 1777 Latude, qui avait déjà été incarcéré à la Bastille, à Vincennes, et à Charenton avec les fous, comme je l'ai conté au chapitre de la Bastille, fut enfermé à Bicêtre où il resta sept ans, jusqu'en 1784, époque de sa délivrance. Dans ses *Mémoires* il nous parle de son séjour dans ces terribles cachots : « Dès que le temps devenait pluvieux, nous dit-il, ou en hiver dans les moments de dégel, l'eau découlait de toutes parts dans mon cachot. J'étais accablé de rhumatismes ; les douleurs qu'ils me causaient étaient si vives que j'étais quelquefois des semaines entières sans me lever… Quand le froid vint ce fut bien pis ! La fenêtre de mon cachot, armée d'une grille de fer, donnait sur le corridor, dont la muraille était percée précisément en face à la hauteur de dix pieds : c'est uniquement par ce trou, qui était pareillement garni de barres de fer, que je recevais un peu d'air et de jour dans mon cachot ; mais j'y recevais aussi la neige et la pluie. Je n'avais ni feu ni lumière et j'étais vêtu du costume misérable de la prison. J'étais obligé de casser avec mon sabot la glace de mon seau et d'en mettre les morceaux dans ma bouche pour me désaltérer. Alors je bouchai la fenêtre et ce fut bien autre chose. L'odeur des égouts et des tuyaux, dont j'étais entouré, m'étouffa bientôt ; cet air fixe se condensait et me causait dans les yeux, dans la bouche et les poumons d'horribles cuissons. Depuis trente-huit mois que j'étais dans cet horrible cachot je souffrais la faim, le froid, l'humidité ; j'y succombai bientôt. L'odeur infecte me venait de ces tuyaux, où les infirmeries, situées au-dessus, jetaient les déjections et les saletés des scorbutiques. Il était impossible que les parties volatiles de ces excréments n'altérassent pas mes poumons : je finis par être scorbutique moi-même. Le scorbut, dont j'étais attaqué, se déclara par une lassitude dans tous les membres et des douleurs qui m'empêchaient de m'asseoir et de me lever. En dix jours mes jambes, mes cuisses étaient gonflées du double, depuis les reins jusqu'aux pieds ; mon corps était noir ; mes dents ébranlées dans mes gencives ne pouvaient plus broyer le pain. Déjà l'on ne me donnait plus de nourriture ; depuis trois jours j'étais à jeun ; on me voyait mourir et personne n'y faisait attention... Mes voisins voulurent me parler : je ne pouvais leur répondre ; ils me crurent mort et appelèrent pour qu'on m'enlevât ; on vint, j'expirais, le chirurgien me fit porter à l'infirmerie. »

Et un homme supportait un supplice si bêtement et si lâchement cruel de par le bon plaisir royal ! Car Louis XVI, auquel on avait soumis le dossier de Latude, ne voulut pas le délivrer tout d'abord ; il lui fallut plusieurs années pour s'y décider ; il le regardait comme une sorte de fou dangereux, et, par prudence, il le laissait sur son fumier où grouillait la vermine, hurlant de faim et de froid.

Ainsi, des cabanons et des cachots malsains, une discipline brutale, maintenue par des guichetiers et des porte-clefs féroces, une nourriture insuffisante, un pain amer, aigre, fait de vieille farine, ne nourrissant pas et fatiguant l'estomac, le scorbut, l'idiotisme, la folie, la longue agonie, la mort lente à venir, voilà ce qui attend la plupart des prisonniers qu'on emmène à Bicêtre !

Naturellement il y eut bien des révoltes et la maréchaussée fut souvent obligée d'intervenir. Le 1ᵉʳ février 1755 par exemple les prisonniers enfermés dans un endroit appelé la *Petite-Fosse* se précipitèrent tout d'un coup sur la sentinelle, à l'heure de vêpres, la désarmèrent, entrèrent dans le corps de garde et s'emparèrent des armes. Cependant la sentinelle donna un coup de sifflet, qui était un appel, et la garde se rassembla en toute hâte. Elle se rua sur les prisonniers ; un terrible combat eut lieu, dans lequel deux

Vue de Bicêtre actuellement.

archers et quatorze révoltés furent tués. Quelques-uns des mutins purent s'enfuir, mais on les rattrapa vite. On les interrogea sur le motif de leur révolte. C'était la faim cruelle qui les avait poussés à cette extrémité. Leur nourriture ordinaire ne consistait qu'en un peu de pain et quelques onces de viande une fois la semaine ; on avait trouvé moyen de retrancher encore quelque chose de cette maigre pitance et ces damnés s'étaient révoltés contre l'économe et le directeur. Pour toute réponse on en pendit un certain nombre et on fouetta le reste. Ce fut vite fait. La pitié, l'humanité, la justice, n'entraient guère, à cette époque, dans le cœur fermé d'un directeur de prison.

En septembre 1792 la populace de Paris, se jeta sur Bicêtre, qui soutint un vrai siège ; elle massacra, au hasard, des fous, des criminels, des femmes, des idiots, des épileptiques, des enfants, de pauvres vagabonds. Michelet a écrit sur ces massacres, une belle page chaude, vibrante, indignée, attendrie. « Qui aurait cru, s'écrie-t-il, que ces fous furieux qui massacraient en septembre iraient se ruer sur ceux que l'ancien régime avait déjà si cruellement torturés, que ces victimes infortunées trouveraient dans leurs pères ou leurs frères, vainqueurs par la Révolution, non pas des libérateurs, mains des assassins ? Rien ne fit mieux sentir l'aveuglement, l'imbécillité qui présida aux massacres. Tels de ceux qui tuèrent au hasard dans les deux hospices de Bicêtre et de la Salpêtrière, pouvaient avoir leur père à Bicêtre parmi les mendiants, leur mère à la Salpêtrière. C'était le pauvre qui tuait le pauvre, le peuple qui égorgeait le peuple. Il n'y a nul autre exemple d'une rage

aussi insensée !... » Certes non. Il fallait qu'un vent de
démence soufflât sur ces égorgeurs ! Taine n'a-t-il pas
raison lorsqu'il dit qu'il est resté chez l'homme civilisé
quelque chose du « gorille lubrique et féroce » des temps
primitifs ? Passons vite, car c'est une des pages les
plus tristes de la Révolution.

Quelques mois après, en juin 1793, Bicêtre reçut dans
ses murs la fameuse Théroigne de Méricourt, qui y
fut enfermée comme folle. Elle y resta dix ans, jusqu'en 1803 ; à cette époque elle passa à la Salpêtrière,
où elle mourut en 1817.

Longtemps encore Bicêtre fût tout à la fois hospice,
hôpital et prison. Jusqu'en 1836 on y plaça les condamnés à mort et aux travaux forcés, à côté des fous et
des vieillards. Aujourd'hui la prison est supprimée, et
Bicêtre n'est plus qu'un hospice de vieillards, d'infirmes,
et un asile réservé aux aliénés, aux idiots et aux épileptiques. C'est encore trop : il faudrait radicalement
séparer la maison de fous de l'hospice pour la vieillesse ;
ces deux catégories de misérables devraient avoir deux
demeures distinctes.

Bien entendu Bicêtre a été singulièrement amélioré ;
on ne voit plus les vieux cabanons de jadis ; et les
cachots, où ont gémi Latude, Du Châtelet, et tant
d'autres, sont aujourd'hui les caves de la pharmacie ; d'ailleurs, quelques-uns déjà avaient été com-
blés sous Louis XVI. Il a de vastes cours plantées
d'arbres et entourées de portiques, où les pensionnaires peuvent se réfugier pendant le mauvais temps.
De Montrouge on le voit au loin, un peu majestueux,
solennel et froid, au-dessus d'une plaine pierreuse,

sur une colline d'où il domine Paris tout entier [1]

1. On a conté bien des fois que le célèbre ingénieur Salomon de Caus, qui avait eu, au commencement du XVIIe siècle, l'idée géniale d'employer la force de la vapeur et de faire marcher avec elle des voitures et des navires, avait été enfermé à Bicêtre comme fou sur l'ordre de Richelieu. On a brodé là-dessus un petit roman, auquel se trouve mêlé le nom de Marion Delorme. Tout cela est de pure invention et absolument faux.

Chapitre X

LA SALPÊTRIÈRE

La Salpêtrière a beaucoup d'analogie avec Bicêtre :
c'est le Bicêtre des femmes. Ce fut jadis, aux XVII° et
XVIII° siècles, un *hôpital-prison* comme l'ancien régime les établissait, et on y enferma pêle-mêle, dans une
abominable confusion, des malades, des folles, des men-
diantes et des condamnées pour quelque crime ou délit.

Sous le règne de Louis XIII le nombre des pauvres
diables, vagabonds sans gîte, traînant sur le pavé des
rues, incités au crime par la misère, dangereux à laisser
vaguer en liberté, était considérable. Le gouvernement
se préoccupa de cette grave question, et, en 1622, fonda
l'Hospice de la Pitié pour les recueillir. Malheureusement le nombre des mendiants sans feu ni lieu ne dimi-
nuait pas, au contraire ; après les troubles de la Fronde
on en compta jusqu'à 40000 dans Paris. C'est alors que
Mazarin, sur la proposition de Pomponne de Bellièvre,
premier président du Parlement, fonda, en 1656, l'*Hôpital général*, dans lequel « les pauvres mendiants vali-

des de l'un et l'autre sexe, disait l'ordonnance, seraient enfermés pour être employés aux ouvrages et travaux des manufactures, selon leur pouvoir ». Et sous cette dénomination d'*Hôpital général* on groupa un certain nombre d'hôpitaux, d'hospices et de maisons de refuge, tels par exemple, l'Hôpital de la Pitié, l'Hôpital de Scipion, la maison de la Savonnerie, Bicêtre, auxquels on ajouta enfin la Salpêtrière.

C'était alors, nous dit une notice du temps, « un grand emplacement de 18 à 20 arpents, dans lequel il y avait divers corps de bâtiments de 30 ou 40 toises de long, en forme de granges, où se faisait le salpêtre, et d'autres où il y avait une fonderie et quelques lieux propres à des magasins ». On appelait l'ensemble de ces constructions le *Petit Arsenal* ; il était situé au faubourg Saint-Victor, près du confluent de la Seine et de la Bièvre. Ces vastes terrains furent donc donnés à l'Hôpital général et on aménagea les bâtiments pour le logement des pauvres. On eut ainsi deux corps de logis, qui contenaient quinze grands dortoirs, dans lesquels on plaça 628 pauvres femmes et 192 enfants abandonnés, de 2 à 7 ans. Puis on commença la construction d'une maison carrée de trois étages, contenant quatre-vingt-deux chambres pour le logement des mendiants mariés, maison flanquée de quatre pavillons destinés aux officiers qui gouvernaient la Salpêtrière. On donna à ces divers bâtiments les noms de Mazarin et de Pomponne de Bellièvre, les fondateurs de l'*Hôpital général.*

Il y avait d'abord une vilaine chapelle, construite avec le bois de vieux bateaux démolis ; Louis XIV ordonna de la remplacer par une église digne du nouvel hospice, et ce fut l'architecte Levau qui l'édifia[1]. Plus tard on construisit, au centre de l'hospice, une prison, qu'on divisa en quatre parties distinctes : 1° le Commun, où on enfermait les femmes de mauvaise vie les plus débauchées , 2° la Correction, où on détenait les filles, moins profondément gangrenées, pour lesquelles tout espoir de retour au bien n'était pas perdu ; 3° la Prison, où on mettait les femmes arrêtées par ordre du roi ou par mesure administrative ou de police, arbitrairement, comme toujours en ce temps-là, et souvent pour satisfaire d'odieuses rancunes personnelles ; 4° la Grande Force, où on plaçait les femmes condamnées par la justice pour un crime ou un délit.

Ainsi, vous le voyez, la Salpêtrière eut bien, comme Bicêtre, le caractère d'*hôpital-prison.* On y trouvait la population la plus mélangée qu'il fût possible de voir ; des indigentes, des idiotes, des paralytiques, des folles furieuses, des épileptiques, des estropiées, des teigneuses, des femmes atteintes des écrouelles, des filles débauchées, des voleuses, des enfants mâles depuis quelques mois jusqu'à 6 ou 7 ans, des vieillards mariés, etc. ; c'était une sorte de cloaque, où venaient se déverser toutes les misères humaines.

Les malheureuses aliénées étaient traitées avec une rigueur sauvage ; on ne songeait guère alors à les soigner ; on les traitait comme des bêtes malfaisantes : d'ailleurs on ne connaissait absolument rien aux maladies mentales et on trouvait légitime d'enchaîner les folles purément et simplement. On voulait les empêcher de nuire ; quant à chercher à combattre la maladie, à

1. Voir gravure, page 3.

l'enrayer, on ne s'en souciait pas, et on faisait peu de différence entre les diverses sortes de folies. On chargeait de fer les infortunées — les chaînes aux mailles rudes étaient les camisoles de force de cette époque — et on les mettait dans des loges basses, sortes de cachots humides et malsains, où l'air et le jour pénétraient à peine. Ces hideux cabanons étaient situés au niveau des égouts ; en hiver la crue de la Seine s'y faisait sentir, et souvent de gros rats, chassés par les eaux, se jetaient sur les malheureuses recluses et les rongeaient partout où ils pouvaient. Le matin, à la visite, on trouva plus d'une fois des folles, couvertes de morsures dangereuses, les pieds et les mains déchirés. Plus d'une en mourut. Il fallut l'arrivée de Pinel à la Salpêtrière, en 1794, pour faire cesser cette infâme, stupide et inutile cruauté.

Je reviens à la prison. Les femmes incarcérées, soit administrativement, soit par jugement d'un tribunal, étaient soumises à un règlement fort rigoureux. On leur imposait des travaux très pénibles, qui devenaient moins rudes, si elles témoignaient quelque repentir de leur conduite. Elles étaient grossièrement vêtues de tiretaine et chaussées de sabots ; elles couchaient sur une paillasse et on ne leur donnait qu'une maigre couverture. Pour toute nourriture on leur distribuait du pain, de la soupe et de l'eau ; elles y ajoutaient d'autres aliments, si elles avaient en poche quelques sous, fruit de leur travail. Si elles commettaient une faute légère on les punissait en leur retranchant leur soupe, ou en les mettant au cachot ; dans les cas plus graves la coupable était enfermée pour un temps plus ou moins long, dans un cabanon ténébreux, qu'on appelait *la malaire* — on devine pourquoi

—- et qui rappelait les in-pace du moyen âge. Notez que
parmi toutes ces détenues il en était qui avaient été habi-
tuées à la vie large, fastueuse, à une existence de luxe
et de prodigalité insolente. Combien elles devaient souffrir de ce dur régime, courbées sous cette discipline de
fer ! J'ajoute encore que celles qui étaient condamnées
par la justice étaient marquées au fer rouge. Les voleuses
avaient ainsi un grand V sur leur épaule nue. Jeanne de
Valois, comtesse de Lamotte, qui fut compromise dans
la fameuse affaire du collier, condamnée et enfermée à la
Salpêtrière, fut ainsi marquée cruellement. Enfin on fla-
gellait souvent les malheureuses et le fouet jouait un
grand, un terrible rôle.

Cet hospice-prison était un véritable enfer. Michelet,
avec sa seconde vue divinatrice, a vu la Salpêtrière de
cette époque et il nous conte ce qu'elle était : « C'était
une ville de sept mille créatures immondes. Énorme en-
tassement de vies malsaines, de souillures de tout genre.
Dès l'entrée une odeur repoussante et nauséabonde. Les
dortoirs servaient d'ateliers le jour, la nuit, étouffés et
fétides. Dans la règle première, les tâches excessives,
impossibles, en faisaient un enfer de châtiments, de
pleurs. « Qui ne coud sa demi-chemise aura le fouet deux
fois par jour. » Rigueur inapplicable. L'autorité s'était
lassée... Comme en tout hôpital alors on couchait six
dans chaque lit. Promiscuité très cruelle, où les fortes
régnaient. Nulle protection des faibles. Si l'autorité eût
osé s'en mêler il y eût eu révolte, le sang eût coulé tous
les jours. Ces terribles Madeleines s'armaient, au moindre mot, de chaises, frappaient à mort de tessons et de
pots cassés. On se gardait de les troubler dans les jeux

effrénés où elles épuisaient leurs fureurs, dans la chasse surtout qu'elles faisaient des nouvelles, la nuit, le jour, se relayant pour les désespérer de coups et d'insomnies, les hébéter, s'en faire des esclaves idiotes. »

Michelet dit que ces malheureuses étaient au nombre de 7000. Tenon, qui écrivait en 1788, prétend en avoir vu jusqu'à 8000 ! Au dire de La Rochefoucauld-Liancourt on en avait entassé dans une certaine salle « près de 200, jeunes et vieilles, attaquées de la gale, des écrouelles et de la teigne ».

Tout ce troupeau de misérables vivait une vie atroce, sous la direction de religieuses, qui quelquefois les prenaient en pitié et tâchaient d'améliorer quelque peu leur triste sort. Et cela dura ainsi pendant tout le cours du XVIII° siècle, sans améliorations. Le conventionnel Camus écrivait dans un rapport que « tout ce qu'il y avait dans Paris et aux environs d'enfants, de filles et de femmes, dépravés, perdus soit au physique soit au moral était rassemblé à la Salpêtrière pour croupir dans l'ordure et dans la fange » et que « malgré les ordonnances et les règlements les détenues et les condamnées y étaient toutes confondues, quelle que fût la cause de leur emprisonnement, que leur peine fût à temps ou à vie, qu'elles fussent condamnées à une simple réclusion ou à une peine infamante ».

Cette odieuse promiscuité, cette coupable confusion ne font pas honneur à l'esprit d'administration de l'ancienne monarchie. Tout cela prouve un abominable désordre, une condamnable incurie.

Ce ne fut qu'en 1802 que le conseil général des hospices mit la main sur la Salpêtrière et y apporta des amé-

liorations importantes. On fit alors cesser ce double
caractère d'hôpital-prison, que j'ai signalé. La maison de
force fut transformée et on y plaça les indigentes. Les
détenues furent envoyées dans d'autres prisons ; les enfants furent mis aux Orphelines, les ménages aux Peti-
tes-Maisons. Dans l'intention du conseil la Salpêtrière ne
devait plus être qu'un hospice pour la vieillesse ; malheureusement on fut obligé d'y conserver les aliénées et les
épileptiques comme à Bicêtre. Hélas ! encore aujourd'hui
les vieilles femmes et les infortunées atteintes de maladies nerveuses restent enfermées dans les mêmes murailles.

Actuellement la Salpêtrière est une sorte de petite ville,
avec des rues, des places, de vastes cours, un immense
jardin potager ; elle couvre une étendue de trente et un
hectares ; elle a quarante-cinq corps de logis, et peut renfermer aisément plus de quatre mille personnes : c'est le
plus grand hospice du monde entier. Malheureusement ces
bâtiments divers ont été construits à différentes époques,
depuis Louis XIV jusqu'à nos jours, suivant les besoins
du moment, sans plan d'ensemble, et l'aspect général
restera toujours dénué de grandeur. N'importe, la Salpêtrière rend d'immenses services, et elle abrite dans ses
murs une foule de pauvres vieilles délabrées par l'existence, des folles, des idiotes, et toutes les malheureuses
qui sont aux prises avec les terribles névroses.

CHAPITRE XI

LES MADELONNETTES

Je n'ai que quelques mots à dire des Madelonnettes.

Le nom de *Madelonnettes* était donné jadis aux femmes de mauvaise vie qui entraient de leur plein gré, par repentir, dans un couvent consacré à sainte Madeleine, ou y étaient enfermées par ordre supérieur. Il y avait des Madelonnettes dans bien des pays. A Paris, une maison de refuge fut fondée en 1618, à la Croix-rouge, par un riche marchand de vins nommé Robert de Montry. Le nombre des filles repenties augmenta avec rapidité ; la maison devint trop petite, et Robert de Montry recommanda toutes ses pénitentes à la marquise de Maignelay, sœur du cardinal de Gondy, qui acheta pour elles une maison au Marais, en face l'enclos du Temple, rue des Fontaines, et leur donna une somme de plus de cent mille livres à laquelle il faut ajouter une rente perpétuelle de trois mille livres, que leur assura Louis XIII. L'inauguration de la nouvelle maison eut lieu le 20 juillet 1629.

Ce n'était point alors une prison, c'était un refuge, une

sorte de couvent dirigé par des religieuses qui suivaient la règle de saint Augustin. Les filles, qui se repentaient de leurs péchés et de leur vie passée, y entraient de leur plein gré et revêtaient l'habit religieux. Puis, peu à peu, la police prit l'habitude d'y enfermer les femmes débauchées, dont elle avait à se plaindre. Les parents y faisaient aussi fréquemment entrer leurs filles coupables de quelque frasque et qu'ils espéraient pouvoir corriger.

En somme, les Madelonnettes étaient tout à la fois un couvent, une maison de réclusion et une maison de correction. Sous l'ancien régime il y eut toujours une grande confusion en matière pénale. On n'avait point en tout cela d'idées nettes et précises.

Il y eut là plus d'une révolte, et ces filles, repenties ou non repenties, n'étaient pas faciles à mener. On changea plus d'une fois les religieuses chargées de les surveiller ; les Visitandines, les Ursulines et les Hospitalières y passèrent successivement.

Pendant la Terreur le nombre des détenus était si considérable que les prisons ordinaires étaient pleines. Alors on envoya des prisonniers un peu partout. On en incarcéra aux Madelonnettes, qui devinrent une prison politique en 1792. C'est là qu'on enferma MM. de la Tour du Pin, de Saint-Priest, de Laval-Montmorency, de Sombreuil, l'abbé Barthélemy, l'auteur du *Voyage d'Anacharsis*, la princesse de Monaco, etc.

En 1795 la prison des Madelonnettes ne servit plus qu'à renfermer les femmes accusées d'un délit et destinées à passer en jugement. En 1830 on y plaça les jeunes détenus, et, en 1836, lorsque les enfants furent transportés à la maison de correction de la Roquette, les

Madelonnettes devinrent une prison d'hommes. Trente ans après, en 1866, elles furent démolies pour le percement de la rue Turbigo et remplacées par la vaste prison de la Santé.

CHAPITRE XII

SAINT-LAZARE

Au commencement du XII' siècle, existait sur la route
de Paris à Saint-Denis un hôpital de lépreux, qui avait
été construit sur les ruines d'une vieille église dédiée à
Saint-Laurent ; c'est l'hôpital
de Saint-Lazare. Au début du
XVI' siècle, en 1516, la lépro-
serie disparut ; des chanoines ré-
guliers de Saint-Victor vinrent
s'établir dans le vieil hôpital,
qu'ils modifièrent profondément,
et y vécurent grassement. Puis,
plus tard, en 1632, saint Vincent de Paul y installa la Con-

Beaumarchais (1732-1799.)

grégation de Saint-Lazare. C'est là qu'il mourut, en 1660 ;
son corps fut inhumé dans le chœur de la chapelle,
au pied du maître-autel.

Saint-Lazare avait donc commencé par être un hôpital,
puis ensuite un couvent. Dans le courant du XVIII' siè-

cle il devint une maison de correction pour les jeunes
gens coupables de quelque délit. On les confiait aux soins
des Lazaristes, car les moines y étaient restés, et
Saint-Lazare était tout à la fois un couvent et une maison
de correction. L'abbé Prévost nous conte, dans son
roman de *Manon Lescaut,* que le chevalier Des Grieux
y fut incarcéré, qu'il n'écouta guère les exhortations des
bons pères, ne se corrigea pas et parvint à s'échapper au
bout de quelque temps. C'est ainsi que les maisons de
correction ne corrigent pas le plus souvent !

En 1785 on y enferma Beaumarchais, sur l'ordre
exprès du roi. Le *Mariage de Figaro* avait eu un succès
inouï pour l'époque, soixante-dix représentations en neuf
mois. Les cinglants sarcasmes du poète, son éclatant
triomphe, lui attirèrent bien des inimitiés jalouses. On
l'accabla de chansons, de petits vers mordants, d'articles
méchants, qui furent insérés dans le *Journal de Paris.*
Beaumarchais ne se gêna pas pour riposter et il y alla
de main de maître. Parmi ses ennemis, ouverts ou
cachés, étaient Suard, l'académicien, et le comte de
Provence, le futur Louis XVIII. Beaumarchais, fatigué
de cette lutte à coups d'épingles, écrivit le 6 mars 1785
une lettre aux rédacteurs du *Journal de Paris,* dans
laquelle il déclarait vertement qu'il ne répondrait plus
aux insulteurs anonymes ; il y disait entre autres choses :
« Quand j'ai dû vaincre lions et tigres, pour faire jouer
une comédie, pensez-vous, après son succès, me réduire,
ainsi qu'une servante hollandaise, à battre l'osier tous les
matins sur *l'insecte vil de la nuit* ? » Le comte de Provence fut très vexé de la riposte ; il ne voulait pas qu'on
le comparât à un *insecte vil de la nuit.* Il alla trouver le

roi, son frère, et lui persuada que Beaumarchais l'avait
insulté, lui et la reine, en les traitant de *lions* et de *tigres*.
Louis XVI était déjà singulièrement irrité contre
Beaumarchais ; sans réfléchir, il prit, sur la table de jeu
près de laquelle il était assis, un sept de pique, et y écrivit
au crayon l'ordre d'arrêter Beaumarchais et de l'incar-
cérer à Saint-Lazare. Le 8 mars 1785, voilà l'auteur du
Mariage de Figaro transféré au milieu des jeunes vau-
riens logés au faubourg Saint-Denis.

Le roi, en l'envoyant dans une maison de correction,
avait évidemment eu une intention malveillante, un désir
d'insulte. En réalité c'était un acte absolument arbitraire, et dès que le public apprit l'incarcération de
Beaumarchais, il ne se gêna pas pour protester hautement, et il eut raison. Comme le gouvernement ne
pouvait nullement justifier la décision de Louis XVI, les
murmures et les protestations redoublèrent. D'un autre
côté Beaumarchais se remuait comme un beau diable
et envoyait des mémoires au roi pour se disculper.
Louis XVI, qui ne manquait pas de bon sens, vit bien qu'il
avait fait une sottise, obéi à un mouvement irraisonné
d'injuste colère, et il donna l'ordre d'élargissement.
Beaumarchais était resté cinq jours à Saint-Lazare. Son
Mariage de Figaro fut, après cela, plus applaudi que
jamais, et le roi voulut lui faire oublier cette détention
arbitraire en faisant représenter son *Barbier de Séville*
sur le petit théâtre de Trianon.

En 1789, le 13 juillet, Saint-Lazare fut pillé par une
bande d'affamés, qui espéraient y trouver des victuailles.
Ils ne se trompaient pas ; les Lazaristes avaient accumulé
beaucoup de provisions ; la populace s'en empara, chassa

les moines et mit le feu à leurs granges. Ces religieux
de Saint-Lazare étaient fort riches ; ils avaient d'immenses terrains, qui s'étendaient au sud jusqu'à la rue
de Paradis, au nord jusqu'à l'ancien mur d'octroi ; ils
avaient établi un belvédère sur l'emplacement duquel on
a érigé l'église Saint-Vincent de Paul. Tous ces vastes
terrains furent vendus comme propriété nationale et on
ne conserva que les bâtiments et quelques cours.

Sous la Terreur, l'ancien couvent fut complètement
transformé en prison et on y plaça des suspects. C'est
une des salles du rez-de-chaussée que le peintre Muller
a représentée dans un tableau connu intitulé l'*Appel
des Condamnés*.

André Chénier fut enfermé à Saint-Lazare le
8 mars 1794, par *mesure de sûreté générale*. Il y resta
longtemps, quatre mois et demi, avant de comparaître
devant le tribunal révolutionnaire. Son frère Marie-Joseph
et ses amis avaient obtenu des employés du parquet
qu'ils dissimuleraient son dossier le plus longtemps possible sous les autres dossiers. Fouquier-Tinville, bien
disposé à son égard, l'oubliait, ou feignait de l'oublier.
André Chénier avait demandé quelques livres à son père,
qui les lui avait fait remettre par un gardien, messager
secret et acheté. Le poète reprit ses études et composa
l'*Ode à mon frère*, la *Jeune Captive* et tous ses Iambes,
qu'il fit passer à son père par l'entremise de son gardien.
Il aurait pu rester ainsi longtemps encore, jusqu'à la
chute de Robespierre, et alors il eût été certainement
délivré. Malheureusement des démarches bien inten-
tionnées mais maladroites de son infortuné père attirèrent sur lui l'attention de quelques-uns de ses ennemis,

qui voulaient le perdre, et sa cause fut appelée devant le tribunal. André Chénier fut extrait de Saint-Lazare le 6 thermidor (24 juillet), et écroué à la Conciergerie. Le lendemain 7 il comparut devant ses juges à neuf heures du matin, fut condamné à mort, et, le jour même, exécuté à la barrière de Vincennes, deux jours avant la chute de Robespierre.

Ce vieux couvent aux murs noirâtres et sales, avec ses cinq grands corps de logis à quatre étages, ses trois cours intérieures, son chemin de ronde, qui l'enserre et l'isole, est, depuis le Consulat, à la fois une maison de correction, une prison civile et une prison administrative. On y enferme les mineures que leurs parents veulent y faire séjourner pour les punir de quelque faute et les corriger, les femmes mariées condamnées pour adultère, les femmes prévenues de crimes ou de délits, celles qui sont condamnées à un emprisonnement de moins d'une année, les détenues pour dettes envers l'État, les femmes de mauvaise vie emprisonnées par décisions judiciaires et administratives.

Je n'ai rien à ajouter sur Saint-Lazare, puisqu'il n'entre pas dans mon plan de parler des prisons modernes.

CHAPITRE XIII

SAINTE-PÉLAGIE

Je ne veux dire que quelques mots de Sainte-Pélagie qui n'est pas à proprement parler une prison du Vieux Paris.

Il était de mode au XVIII° siècle de fonder des couvents. De grandes dames, riches, nobles, influentes, qui souvent avaient eu une jeunesse légère, entreprenaient la conversion des pécheresses et bâtissaient des maisons, où entraient des filles repenties. C'est ainsi que furent fondées *Les Madelonnettes* ; c'est ainsi également que fut créée *Sainte-Pélagie*, en 1665, par Marie Bonneau, veuve du sieur Beauharnais de Miramion. C'était un refuge, analogue aux Madelonnettes, et on jugea bon de le placer sous l'invocation de la célèbre comédienne d'Antioche, Pélagie, qui au milieu du V° siècle, après avoir scandalisé ses contemporains par ses débauches, se jeta dans la vie religieuse et mourut dans les rigueurs d'une pénitence austère, implacable, ce qui lui valut les honneurs de la canonisation.

Ce ne fut que pendant la Révolution, en 1792, que Sainte-Pélagie devint une prison. Pendant la Terreur on y enferma indistinctivement des hommes et des femmes, des suspects et des condamnés de droit commun. En septembre, la présence d'esprit du concierge Bouchotte y évita des massacres. Une bande d'exécuteurs se dirigeait vers la prison. Elle y arrive, force la porte et entre. Tout est désert, silencieux; on n'entend pas une voix, pas un cri, entre ces vieux murs. Les massacreurs se précipitent au greffe et trouvent Bouchotte et sa femme étroitement garrottés. Étonnés, ils interrogent le concierge.

— Vous arrivez trop tard, citoyens, s'écrie celui-ci. Les prisonniers ont eu avis de votre venue; ils se sont révoltés, et, après nous avoir traités comme vous le voyez, ils ont pris la fuite.

C'était un adroit mensonge. Le rusé Bouchotte avait fait évader ses prisonniers par une porte secrète, et ordonné aux guichetiers de le lier, lui et sa femme, afin de tromper la populace. Elle crut aisément le mensonge, et quitta vite Sainte-Pélagie pour se porter à Bicêtre.

C'est à Sainte-Pélagie que fut enfermée Mme Roland. Elle y entra le 25 juin 1793 et y resta jusqu'au 31 octobre, jour où elle fut transférée à la Conciergerie. Elle passa ces quatre longs mois à écrire une partie de ses *Mémoires*, enfermée dans une triste cellule, cultivant, pour se distraire, quelques plantes grimpantes, dans une caisse de bois placée au bas de sa fenêtre.

Le 22 septembre de la même année la Du Barry, l'*ex-surintendante des honteuses débauches de Louis XV*, comme l'appelait prétentieusement Fouquier-Tinville,

arrêtée à Louveciennes, dans sa célèbre propriété, fut
écrouée dans la même prison, non loin de Mme Roland ;
elle ne quitta Sainte-Pélagie que le 3 décembre suivant,
lorsque son acte d'accusation fut complètement dressé,

Mme Roland (1754-1793).

et fut enfermée à la Conciergerie, cinq jours avant de
monter sur l'échafaud.

C'est dans cette noire prison encore que, le 3 août 1793,
les acteurs du Théâtre-Français, dit Théâtre de la Nation,
mis en état d'arrestation en vertu d'une loi, furent incarcérés. C'est là aussi que, l'année suivante, fut enfermé

le vicomte de Beauharnais, commandant de corps à
l'armée du Rhin, accusé de trahison, et, avec lui, sa
femme, Joséphine Tascher de la Pagerie, qui, plus tard,
devint impératrice de France.

Au moment du 9 thermidor les prisonniers de
Sainte-Pélagie, tenus au secret absolu, vivant séparés
les uns des autres depuis plus de trois mois, ignoraient
complètement ce qui se passait à Paris. Dans la journée
du 9, une vague rumeur leur apprit que de graves événements s'accomplissaient et qu'une lutte était engagée ;
ils vécurent tout le jour dans les transes, dans l'angoisse,
cherchant vainement à connaître d'une façon précise
l'issue de la lutte. Qui l'emportait? Robespierre, ou ceux
qui voulaient le précipiter du pouvoir ? Dans la soirée
enfin ils entendirent un guichetier dire à son chien auquel
il donnait un coup de pied : «Va te coucher, Robespierre!»
Ils comprirent tout de suite que la Terreur avait pris fin,
et, dans un élan de joie communicative, poussèrent de
leurs cellules, des acclamations diverses : « Vive le Roi !
Vive la République ! Vive la Nation ! », suivant leurs
opinions. Le lendemain même ils virent arriver la famille
Duplaix, les amis de Robespierre, Dumas, le président
du tribunal révolutionnaire, un aide de camp d'Henriot,
qui, tous, furent incarcérés. Peu après les *suspects* furent
rendus à la liberté.

Sous l'Empire on incarcéra à Sainte-Pélagie un grand
nombre de prisonniers politiques, de gens qui gênaient
Napoléon. On s'emparait d'eux arbitrairement, et on
les emprisonnait *administrativement*, sans jamais les
faire comparaître devant un tribunal quelconque, sans
leur permettre de se défendre. Sainte-Pélagie devint

alors une véritable prison d'État, qui remplaçait la
Bastille détruite. Ces malheureuses victimes de l'implacable despotisme impérial venaient là, confondues
avec des prisonniers de droit commun, se trouvant pêle-
mêle avec eux sur les livres d'écrou. Ce ne fut qu'à partir
de 1811 qu'on leur consacra un registre spécial, dit

Joséphine Tascher de la Pagerie (1763-1814).

registre des *prévenus administratifs*. La formule de leur
écrou était en général celle-ci : « N... prévenu de ma-
nœuvres frauduleuses, de menées ou de correspondances,
contraires à la sûreté de l'État », et, en marge : « Maintenu en détention par décision de Sa Majesté, rendue en
séance de son conseil privé. » C'était simple et commode
pour l'Empereur. Il se débarrassait ainsi, contre tout
droit et toute justice, des hommes dont l'opinion politique lui déplaisait : la lettre de cachet et l'arbitraire odieux

refleurissaient. Il est des *prévenus administratifs* qui sont restés ainsi fort longtemps emprisonnés, et certains n'ont été délivrés qu'après la chute de Napoléon, à l'entrée des Alliés, sur l'ordre de l'empereur Alexandre de Russie. Ils furent remplacés dans la vieille prison par des déserteurs russes.

Sous la Restauration le même scandaleux abus d'autorité continua d'exister, et les *prévenus administratifs* furent nombreux. La réaction royaliste se donna libre carrière, et on incarcéra, entre autres, un certain nombre d'officiers de l'ex-armée impériale. C'était toujours la même absence de toute justice ; des détenus restèrent là jusqu'à six mois, sans être même interrogés par un juge d'instruction. Les locaux destinés à ces malheureux prisonniers occupaient alors le second étage du principal bâtiment, et les deux rangées de cellules étaient séparées par un corridor sombre, qu'on appelait, je ne sais pourquoi, *le corridor rouge*. C'est là qu'on emprisonna un jeune écrivain de talent, nommé Magallon, que la Restauration traita avec une inhumanité révoltante. Magallon était déjà depuis quelque temps à Sainte-Pélagie, lorsqu'un matin des gendarmes firent irruption dans sa cellule ; brutalement ils lui mirent les poucettes, et, malgré ses protestations, l'emmenèrent à la prison de Poissy, réservée aux voleurs et aux criminels. Ce qu'il y eut de plus odieux c'est qu'on lui fit faire le trajet à pied — et il y a sept lieues — accouplé à un réclusionnaire, atteint d'une maladie contagieuse et portant l'habit de la prison. Une fois arrivé à Poissy on contraignit Magallon à faire des chaussons de lisière, absolument comme un condamné de droit commun. Voilà les infamies que fait commettre la passion politique !

Sainte-Pélagie devint, à cette époque, la prison ordinaire des gens de lettres. En 1816 MM. Beaupré et Bougnot y furent incarcérés, pour avoir imprimé et vendu des brochures dites séditieuses, et notamment *Le Nain tricolore*. Béranger, Barthélemy, de Jouy, beaucoup d'écrivains libéraux, y firent souvent des séjours plus ou moins longs ; le gouvernement d'alors, intolérant et ennemi de la liberté, ne supportait ni raillerie, ni critique. Le régime administratif lui était commode, et il subsista jusqu'en 1831. A cette époque la prison fut agrandie et un bâtiment neuf fut exclusivement réservé

Béranger (1780-1857).

aux détenus politiques, régulièrement condamnés par les tribunaux.

Depuis 1797, Sainte-Pélagie était également une prison pour dettes et une maison de correction, où on enfermait les vagabonds au-dessous de 16 ans, les petits voleurs et les enfants que les parents y envoyaient.

Sainte-Pélagie existe toujours ; c'est une vieille prison que vous pouvez voir près du Jardin des Plantes, elle forme un vaste quadrilatère, bordé par les rues du Battoir, du Puits-de-l'Ermite, où se trouve l'entrée principale, de Lacépède et de la Clef ; elle est composée des bâtiments de l'ancien couvent et de constructions ajoutées à diverses époques. C'est là qu'on applique le système de *l'emprisonnement en commun*, opposé au *système cellulaire*. On y enferme les condamnés pour délits de presse, qui sont aujourd'hui extrèmement rares, et aussi les condamnés à moins d'un an, pour délit de droit commun.

CHAPITRE XIV

La prison connue sous le nom de La Force fut tout
d'abord un hôtel, où habitèrent de hauts personnages.
Ce fut Charles d'Anjou, roi de Naples et de Sicile, le
frère de saint Louis, qui construisit les bâtiments origi-
naires, en 1265. L'hôtel passa depuis entre les mains de
bien des propriétaires différents. A la fin du XVI° siècle
nous le trouvons dans celles d'un maréchal de France,
Antoine de Roquelaure, qui le vendit à François d'Or-
léans-Longueville, comte de Saint-Paul. De là le nom
d'Hôtel Saint-Paul qu'on lui donna. A la fin du XVII° siècle, il fut en la possession d'un duc de la Force, et devint
l'Hôtel de la Force.

Naturellement depuis sa construction cet hôtel avait
été singulièrement modifié et remanié. Dans le cours du
XVIII° siècle il fut encore transformé, embelli, et devint
une somptueuse demeure, avec de vastes bâtiments et
de nombreuses cours. Le gouvernement l'acheta en 1754;
il voulait y établir une école militaire, mais ce projet fut

abandonné, et on y plaça le bureau des saisies réelles du vingtième et la ferme des cartes.

Plus tard Necker engagea Louis XVI à améliorer les prisons de Paris, et à supprimer celles du For-L'Évêque et du Petit-Châtelet, qui étaient dans un déplorable état. Le 30 août 1780 une ordonnance royale décida que les détenus de ces deux prisons seraient transférés à l'Hôtel de la Force, qu'on appela par abréviation *La Force*. Cependant ce ne fut qu'un an et demi après, en 1782, au mois de janvier, que, les aménagements intérieurs de la nouvelle prison terminés, on y transporta les détenus. Les protestations des philosophes, le progrès naturel des mœurs, avaient porté leurs fruits ; le sort des prisonniers était amélioré. La Force fut une sorte de prison modèle, où les détenus vécurent séparés, classés suivant la nature de leurs délits, et non plus, comme jadis, mêlés dans une abominable promiscuité, qui perdait complètement ceux qui n'étaient qu'à moitié corrompus.

La Force se trouvait dans la rue du Roi-de-Sicile, en plein Marais. Cette prison avait huit cours, dont quatre fort spacieuses, et était divisée en six départements. Dans le premier se trouvait le logement des employés, des guichetiers en chef ; on y avait établi aussi tous les accessoires du service de la prison ; dans le second on mettait les pères de famille, qu'on emprisonnait pour non-paiement des mois de nourrice de leurs enfants ; le troisième contenait les débiteurs civils ; le quatrième tous les prisonniers arrêtés, pour raisons diverses, par ordre exprès du roi ou du lieutenant de police ; le cinquième renfermait les femmes détenues ; enfin le sixième servait de dépôt de mendicité. Chaque département avait

une cour spéciale, en général plantée d'arbres, avec une
fontaine et une galerie couverte, qui servait de promenoir pour les mauvais temps ; ajoutez à cela un réfectoire

Necker (1732-1804).

et un chauffoir. Une infirmerie de deux étages recevait
les malades des six départements ; les hommes étaient
au premier, les femmes au second. Il y avait aussi plusieurs chapelles, pour chaque catégorie de détenus. Les
prisonniers sans argent n'étaient pas, comme autrefois,
couchés sur la paille, ils avaient chacun un lit avec un

matelas, un traversin et une couverture ; ces lits s'y alignaient, propres, dans d'immenses dortoirs. La nourriture se composait d'une livre et demie de pain, d'une portion de viande et de légumes. Enfin on fournissait aux détenus des vêtements et du linge.

Nous sommes bien loin des misérables pailleux vivant dans une hideuse promiscuité, couchés pêle-mêle sur une paille hachée, pleine de vermine, et mangeant du pain noir, moisi, fétide. Il y a une amélioration sensible. La Force fut la meilleure maison de détention de l'ancien régime.

A côté de l'hôtel de la Force se trouvait l'hôtel de Brienne. Le gouvernement l'acheta, en fit une annexe de la prison, et y enferma les femmes de mauvaise vie, soumises pour quelque délit à une peine correctionnelle. C'était la Petite-Force, qui remplaça en 1785 la prison de Saint-Martin.

La Force, en 1792, après le 10 août, servit de succursale à l'Abbaye ; on y mit une foule de gens qui étaient soupçonnés d'avoir trempé dans les complots de la cour, entre autres la plupart des dames de la maison de la Reine, Mme de Lamballe, Mme de Saint-Brice, Mme de Tourzel. Au commencement de septembre, lors des massacres, la Commune envoya un commissaire, Truchon, pour mettre en liberté toutes les femmes. Il y laissa Mme de Lamballe. Était-ce un oubli ? Était-ce une vengeance ? On ne sait. Toujours est-il que l'infortunée princesse, haïe de la populace parce qu'elle était l'amie et la conseillère de Marie-Antoinette, périt à la Force le 3 septembre. Le président du tribunal improvisé avait donné l'ordre de l'élargir. Des royalistes l'entraînèrent

au dehors ; au milieu des furieux qui hurlaient, ils la
protégèrent de leurs corps, essayant de la sauver ; on lui
recommanda de crier « *Vive la Nation !* » Mais elle n'en

Princesse de Lamballe (1748-1792).

eut pas le courage, elle était sans voix. Elle marchait
soutenue, presque portée, par des amis dévoués, en mur-
murant : « *Je suis perdue.* » Elle était brisée, défaillante,
presque évanouie ; elle put encore faire quelques pas
jusque dans la rue, où elle perdit complètement connais-

sance. C'en était, fait d'elle. Les violents, pleins de menaces, repoussèrent brutalement ceux qui la défendaient et la tuèrent à coups de piques.

Sous la Terreur, la Force ne reçut que des prisonniers politiques, qui furent soumis à tous les caprices des geôliers, maîtres tout-puissants, appliquant suivant leur bon plaisir les peines et les mesures de rigueur. Ils avaient dressé des chiens monstrueux ; on leur faisait flairer les détenus, qui désormais étaient surveillés de près par ces féroces gardiens et ne pouvaient pas s'échapper.

Avant d'être écroués dans la prison la plupart des détenus passaient par la *souricière*, qui était un affreux cachot obscur, avec un baquet au milieu, un pot d'eau, et de la paille dans un coin.

Après le 9 thermidor, une fois les prisonniers politiques élargis, on recommença à placer à la Force les prisonniers de droit commun et les vagabonds. Plus tard on construisit entre les deux principales cours un bâtiment à quatre étages, qui renfermaient de vastes salles garnies de lits de camp, et des cachots souterrains, où on ne mettait que les prisonniers dangereux, dont on redoutait l'évasion.

Sous Louis-Philippe la Force fut une prison importante, et on y fit des aménagements nouveaux. Elle fut alors partagée en huit cours, qui reçurent des dénominations diverses ; il y avait : 1° la cour de Vit-de-lait, ainsi appelée parce que sous l'ancienne monarchie on y plaçait les pères qui ne payaient pas les mois de nourrice de leurs enfants; 2° la cour de la Dette, réservée aux prisonniers pour dettes ; 3° la Fosse-aux-Lions, promenoir des repris de justice dangereux. — C'est là que Lacenaire, le fameux assassin qui avait entrepris avec son complice Avril de tuer et de voler des garçons de recettes, manqua d'être tué par ses compagnons ; — 4° la cour Sainte-Madeleine ; 5° la cour des Moines, où étaient les enfants mis en correction ; 6° la cour des Poules ; 7° la cour Sainte-Marie ; 8° la cour Sainte-Anne, réservée aux vieillards et aux vagabonds.

Le temps, ce grand destructeur de tout, avait singulièrement noirci, décrépi, lézardé les murs de la Force. Ces vastes et beaux bâtiments, qui jadis avaient abrité les comtes de Saint-Paul et les ducs de la Force, où on avait donné des fêtes somptueuses, où s'était réunie une société brillante, étaient devenus aussi malsains, aussi infects, aussi redoutables que les anciennes prisons. On songea à les démolir. Mazas fut achevé en 1860, et la Force disparut, après avoir servi de maison de détention pendant quatre-vingts années.

CONCLUSION

Je voudrais, pour conclure, brièvement résumer quelques idées qui font saillie et se dégagent de ce livre.

Vous avez vu que l'ancien droit pénal était barbare, draconien.

En effet, les châtiments étaient durs, cruels, atroces. La peine de mort était très fréquemment prononcée, souvent pour peu de chose. Mais la mort du condamné ne suffisait pas même aux terribles juges. Ils se plaisaient à inventer des raffinements de tortures, la mutilation, l'écartèlement, le supplice de la roue : ils semblaient prendre plaisir au spectacle de la douleur humaine, ou du moins elle n'excitait pas leur pitié. Ils avaient des cœurs de pierre, des nerfs insensibles à la souffrance d'autrui : ils tuaient lentement le patient ; ils voulaient qu'il souffrît dans sa chair le plus possible. Ces juges de l'époque féodale et de l'ancien régime se regardaient comme des justiciers infaillibles, ayant le droit et le devoir de *punir* et de *venger* impitoyablement. D'ailleurs, la Religion d'État qui domine, le Catholicisme d'alors, n'arrête pas leurs bras. Ils n'est plus comme le Christianisme primitif pénétré de l'esprit de pitié, de douceur, de bonté : il est devenu une religion intolérante, brutale et implacable. Le Dieu qui distribue les trônes aux monarques est un Dieu terrible et menaçant, qui frappe les pécheurs de châtiments atroces dans son Enfer éternel. Les rois, les juges, les prêtres, qui exercent la justice en ce monde, ne sont-ils pas ses représentants sur la terre? Pourquoi auraient-ils plus de mansuétude que lui-même? Et alors ils prononcent des peines horribles, sauvages, qui révoltent nos âmes de civilisés !

Ce n'est pas tout. Remarquez qu'il n'y a dans ce vieux droit pénal aucune proportion de la peine au délit. Par exemple, à la fin du XIV⁰ siècle, une femme qui a volé à son maître des cuillers d'argent est condamnée à avoir *l'oreille droite coupée* et est bannie de la ville de Paris et de dix lieues à la ronde, *sous peine d'être enfouie vive*. Cela pour quelques cuillers d'argent! Un peu plus tard, un homme coupable de bigamie *est pendu et étranglé !* Au XVIII⁰ siècle, le chevalier de la Barre est mis à mort pour avoir mutilé un crucifix sur une route. Quelle abominable injustice et quelle effroyable disproportion entre l'acte commis et le châtiment infligé !

Ajoutez à cela qu'on punissait toutes sortes d'actions et de croyances qui, aujourd'hui, ne tombent plus sous le coup de la loi, par exemple la magie, la sorcellerie, l'idolâtrie, l'hérésie, l'athéisme, étaient des crimes. Le fait seul de secouer le joug des croyances religieuses, de ne point se soumettre à l'Église, attirait sur celui qui pensait librement la colère de l'Official. A tous ces crimes contre la religion s'ajoutaient ceux contre le roi et les seigneurs, sans compter ceux contre les particuliers. Au milieu de tous ces délits variés et multiples, les pauvres gouvernés étaient trop souvent pris comme des poissons dans un filet ; et il était rare qu'ils pussent passer à travers ses mailles serrées, s'échapper indemnes et sans blessures.

De plus, il existait plusieurs sortes de juridictions, celle du roi et celle des nobles, de telle sorte que la justice n'était pas une et égale pour tous, elle variait suivant le caractère et les caprices des seigneurs féodaux et ne présentait guère de garanties aux justiciables. Voilà l'état de la législation pénale.

Il faut que vous remarquiez encore qu'on n'avait nullement le respect de la liberté humaine. Les puissants du jour frappaient leurs ennemis sans qu'ils pussent se défendre, prouver leur innocence devant un tribunal. Des gens étaient emprisonnés ou mis à mort sans jugement, sans qu'une loi quelconque les condamnât, uniquement par une décision capricieuse du roi, d'un ministre ou d'un noble. L'arbitraire fleurissait, poussait des branches de tous côtés. En un mot la force primait le droit, ou plutôt on n'avait pas l'idée du droit. La raison d'État ou les intérêts particuliers des privilégiés remplaçaient la justice trop souvent. Naturellement aucune liberté de la pensée, une intolérance effroyable ! L'Église a pour ennemies la philosophie et la science : elle cherche à étouffer toutes les idées qu'elle considère comme dangereuses. Dans la première moitié du XVIIe siècle, le prudent Descartes détruit son *Traité du monde*, de peur de subir le sort de Galilée, emprisonné à Rome en 1633, parce qu'en démontrant la rotation de la terre autour du soleil il contredisait la Bible ! Rappelez-vous les persécutions contre les protestants et les jansénites, et concluez que le gouverné était tout entier dans la main du gouvernant.

Cependant le progrès accomplit son œuvre lentement. Au XVIII° siècle une évolution marquée se fait. Des idées de pitié, de tolérance, d'humanité naissent et se répandent peu à peu ;, l'arbitraire diminue ; l'ancienne organisation sociale s'affaiblit, meurt d'épuisement ; la férocité, la barbarie des anciens jours commencent à disparaître. Le vieux droit pénal tombe pierre par pierre sous les coups des philosophes, des encyclopédistes. Sans doute il y a encore bien des iniquités effroyables, bien des peines barbares, mais cependant les mœurs s'adoucissent singulièrement et influent heureusement sur les lois et les procédés gouvernementaux. Sous Louis XVI le progrès est très sensible, par exemple la terrible *question préparatoire* est abolie le 14 août 1780 et on crée la prison de la Force où les prisonniers sont humainement traités. La Révolution continue et complète cette œuvre de civilisation. La Constituante supprime enfin toutes les tortures et emporte les derniers vestiges des juridictions féodales. Malheureusement, dans la période troublée et dramatique des derniers mois de 1792, de l'année 1793 et d'une partie de 1794, un recul se produit, et sous la Terreur la Raison d'État réapparaît. L'emprisonnement arbitraire, la condamnation à mort, redeviennent des moyens de gouvernement. Sombre époque !

Enfin dans la première moitié du XIX° siècle de nouveaux progrès sont réalisés. La *marque*, l'*exposition*, l'ablation du poignet droit du condamné pour parricide, sont supprimées ; l'emprisonnement dans les bagnes est remplacé par la transportation aux Colonies ; les prisons sont mieux aménagées, plus saines, les prisonniers soumis à un régime moins dur.

Certes le dernier mot n'est pas dit. Notre Code pénal, à certains points de vue, est inférieur à la législation criminelle des Anglais ; par exemple, en France l'instruction est encore secrète, tandis qu'elle ne l'est plus de l'autre côté du détroit. Mais l'heure de cette réforme viendra. Quoi qu'il en soit, bien qu'il y ait des améliorations nombreuses à apporter à notre système pénitentiaire, il vaut mieux avoir maille à partir avec la justice à présent qu'au XV° siècle, et il est préférable d'être emprisonné dans une cellule de Mazas que de pourrir vivant dans un cachot souterrain du Grand-Châtelet ou du For-l'Évêque.

En toutes choses le progrès fera de nouvelles étapes. Il n'est pas un vain mot, quoi qu'en disent certains esprits chagrins ou paradoxaux. Il y a bien des plaies sociales à guérir, bien des misères à soulager, bien des injustices à supprimer. Ne nous décourageons pas ; marchons vers cet idéal : l'amélioration du sort des humbles, le bien-être de tous. Nous l'atteindrons non par des révolutions brutales et violentes, mais par une évolution constante et sûre. Gœthe mourant murmurait: « Lumière ! Plus de lumière encore ! » Oui, plus de lumière encore ! Et aussi plus de pitié, plus de tolérance, plus de justice !

———

TABLE DES MATIÈRES

                                                        Pages

CHAPITRE Iᵉʳ. — La Conciergerie 1

CHAPITRE II. — Le Grand-Châtelet 33

CHAPITRE III. — Le Petit-Châtelet 71

CHAPITRE IV. — La Tour du Temple 79

CHAPITRE V. — La Tour du Louvre 119

CHAPITRE VI. — La Bastille 135

CHAPITRE VII. — L'Abbaye 187

CHAPITRE VIII. — Le For-L'Évêque 201

CHAPITRE IX. — Bicêtre 215

CHAPITRE X. — La Salpêtrière 232

CHAPITRE XI. — Les Madelonnettes 241

CHAPITRE XII. — Saint-Lazare 245

CHAPITRE XIII. — Sainte-Pélagie 251

CHAPITRE XIV. — La Force 259

CONCLUSION 267

Paris. — Imp. Alcide Picard et Kaan. — 19...-M